Stecknadel oder Heuhaufen

Für Anne, Emil, Hedi, Emmi & Fritz

Simon Buck

STECKNADEL ODER HEUHAUFEN

Einfach investieren in einer unübersichtlichen Welt

Illustrationen von Anatolij Pickmann

Campus Verlag
Frankfurt/New York

Haftungsausschluss: Investieren in Fondsanteile, Wertpapiere, Immobilien oder andere Vermögenswerte heißt stets und notwendigerweise, Risiken einzugehen. Vermögensanlagen in Aktien, Anleihen, Bankguthaben, Edelmetalle, Rohstoffe, Kryptowährungen und Immobilien sind mit beträchtlichen Verlustgefahren verbunden. Die historischen Daten, die in diesem Buch enthalten sind, bieten keine Gewähr für zukünftige Renditen oder Erträge. Autor und Verlag geben keine Garantie für die Richtigkeit der Daten und Berechnungen. Die Aussagen in diesem Buch spiegeln die persönlichen Ansichten des Autors wider, sind rein didaktischer Natur und sind nicht als Finanzberatung oder Anlageempfehlungen im Sinne des Wertpapierhandelsgesetzes zu verstehen. Eine Haftung für Schäden, die aus der Befolgung der in diesem Buch gegebenen Hinweise resultieren, wird nicht übernommen.

MIX
Papier | Fördert gute Waldnutzung
FSC® C089473
FSC www.fsc.org

ISBN 978-3-593-52182-4 Print
ISBN 978-3-593-46352-0 E-Book (PDF)
ISBN 978-3-593-46446-6 E-Book (EPUB)

Umschlaggestaltung: Guido Klütsch, Köln
Umschlagmotiv: © Anatolij Pickmann
Illustrationen im Innenteil: © Anatolij Pickmann
Satz: Publikations Atelier, Weiterstadt
Druck und Bindung: Beltz Grafische Betriebe GmbH, Bad Langensalza
Beltz Grafische Betriebe ist ein Unternehmen mit finanziellem Klimabeitrag (ID 15985-2104-1001).
Printed in Germany

Campus Verlag® / www.campus.de

Inhalt

Teil 2: Wie Wissen Rendite schafft

Teil 4: Wie wir morgen leben – und wovon

Geleitwort

Um die Finanzbildung ist es in Deutschland leider nicht gut bestellt. Viele Entscheidungen rund um Geldanlagen werden aus dem Reflex heraus getroffen – dabei wäre gerade hier Reflexion angebracht.

Die wissenschaftliche Forschung zur Geldanlage ist heute so umfangreich wie nie zuvor. Kapitalmarktforschung und Verhaltensökonomie haben in den vergangenen Jahrzehnten viele robuste Erkenntnisse darüber hervorgebracht, wie Vermögen langfristig aufgebaut werden kann – und warum Anlegerinnen und Anleger dennoch regelmäßig Fehlentscheidungen treffen.

Ein wichtiges Ergebnis dieser Forschung ist: Nicht fehlende Informationen sind das Hauptproblem, sondern unser menschliches Verhalten. Emotionen, kognitive Verzerrungen und gut erzählte Geschichten führen dazu, dass rationale Entscheidungen immer wieder unterlaufen werden.

Gerade deshalb ist ein verständlicher Zugang zu den grundlegenden Prinzipien der Geldanlage so wichtig. Moderne Investmentfonds ermöglichen es inzwischen, mit geringem Zeitaufwand und bereits mit moderaten Anlagesummen weltweit gestreut und systematisch in tausende Unternehmen und Staaten zu investieren – über Aktien und Anleihen.

Vor diesem Hintergrund erscheinen viele Bücher zur Geldanlage für Privatanlegerinnen und -anleger unnötig kompliziert. Sie überfrachten ein im Kern einfaches Thema und tragen damit wenig zur besseren Entscheidungsfindung bei.

Das illustrierte Buch von Simon Buck löst das überraschend kreativ. Es konzentriert sich auf die zentralen wissenschaftlichen Erkenntnisse und bereitet sie klar, knapp und verständlich auf. Die einfachen Bilder unterstützen das Verständnis und machen die Lektüre angenehm und unterhaltsam – für jedermann.

Ein wunderbares Finanzbilder- und Finanzbildungsbuch. Danke!

Dr. Nikolaus Braun

Vorwort: Warum noch ein Finanzbuch?

Wir leben in einer Zeit, in der wir in vielen Lebensbereichen vorsichtiger geworden sind. Wir hinterfragen Informationen, sprechen über Resilienz und Vorsorge, sichern Systeme ab.

Ausgerechnet beim Thema Geld handeln viele erstaunlich sorglos.

In Ausbildung und Beruf investieren wir viel Energie und Lebenszeit. Wie man Geld verdient, lernen wir. Wie man es sinnvoll anlegt, bleibt dagegen bei vielen erstaunlich unterbelichtet – vom Akademiker bis zum Handwerker.

Das ist kein Vorwurf, sondern ein Befund. Wer Geld nicht versteht, verliert Handlungsspielraum. Und verschenkt die Kraft des Zinseszinseffekts – das leise Weltwunder des Vermögensaufbaus. Daran sollten wir arbeiten. Jeder für sich, aber auch als Gesellschaft.

Es darf nicht mehr als lässig gelten, wenn – auch in akademischen Kreisen – gesagt wird: »Ach, um meine Finanzen kümmere ich mich nicht.«

Die Finanzwelt macht es einem nicht leicht: viele Möglichkeiten, Intransparenz, Skandale, wenig emotionale Kompetenz in der Beratung. Das verunsichert. Viele versuchen gar nicht erst, Entscheidungen zu treffen – aus Angst, etwas falsch zu machen.

Ratgeber gibt es genug. Gute, kluge, manchmal auch verwirrende. Die meisten stellt man sich als Placebo ins Buchregal und schaut nicht mehr hinein. Was bisher gefehlt hat, ist ein Buch, zu dem man immer wieder gerne zurückkehrt. Ein Begleiter, kein Lehrbuch.

Etwas, das hilft, wenn die Märkte verrücktspielen oder Zweifel laut werden. Nach vielen Jahren in der Beratung weiß ich, wie groß der Wunsch nach Klarheit ist. Darum habe ich dieses Buch geschrieben – und gemeinsam mit Anatolij Pickmann die Illustrationen entwickelt. Unser persönliches Finanz-Bilderbuch.

Ein Buch, das Wissen vermittelt und zugleich Ruhe geben soll. Das man aufschlagen kann, wenn die Schlagzeilen wieder lauter sind als der Verstand.

Finanzielles Wissen sollte zugänglich sein. Verständlich. Für alle – ob jung oder alt, erfahren oder neu. Denn jeder verdient es, mit Grundwissen ausgestattet zu sein, wenn es um die eigene Zukunft geht.

Dieses Buch nimmt Sie mit auf eine visuelle Reise: vom menschlichen Verhalten über den Umgang mit Risiko bis hin zu den großen Fragen der Altersvorsorge.

Egal, ob Sie gerade erst anfangen oder schon länger investieren – dieses Buch soll Orientierung geben. Nicht durch Versprechen, sondern durch Verständnis.

Simon Buck

TEIL 1

WARUM WIR AN DER BÖRSE OFT GEGEN UNS SELBST KÄMPFEN

Die Erkenntnisse der Verhaltensökonomie

Wir Menschen sind keine Rechner. Wir sind Gewohnheitstiere – mit Emotionen, Hoffnungen, Ängsten. An den Märkten wird das sichtbar wie kaum irgendwo sonst. Wir handeln zu schnell, verkaufen zu früh, steigen zu spät ein – oder verharren in Lethargie.

Die Kapitel in diesem Teil zeigen, wie unser Kopf tickt – und wie wir lernen, uns nicht selbst im Weg zu stehen.

Sie

Am Spielfeldrand wird nichts verteilt

»Ich wechsle mich gleich selbst ein, ihr Pflaumen!« Stellen Sie sich mal ein spannendes Fußballspiel vor. Ein leidenschaftlicher Beobachter steht an der Seitenlinie. Er kommentiert, er weiß alles besser, er glaubt, Spielzüge voraussehen zu können. Aber er bleibt ein Theoretiker – am Rand stehend, ohne Einfluss auf das Spiel.

Für den Theoretiker ist nur eines sicher: Wer nicht auf dem Platz steht, kann kein Tor schießen und kein Spiel gewinnen.

Genau das gilt auch für Kapitalanlagen. Viele Menschen verharren in der Zuschauerrolle. Manchmal auch in der leidenschaftlichen, topinformierten, aber eben in der Zuschauerrolle. Sie wissen, dass es »auf dem Platz rau« zugeht – Schwankungen, Verluste, Nervosität, Schmerz, Anstrengung. Also warten sie lieber ab, suchen vielleicht nach dem perfekten Zeitpunkt für den Einstieg. Doch der kommt … nie. Und nichts zu tun, ist die riskanteste Entscheidung von allen, weil Geldwerte laufend an Kaufkraft verlieren.

Klingt vielleicht hart, aber wer Vermögen aufbauen will, muss den Schritt aufs Spielfeld wagen, das Trikot darf nicht trocken und sauber bleiben. Also kein Alibi-Depot, sondern ein klarer Plan, ein durchdachtes Portfolio und die Bereitschaft, einen großen Teil des Vermögens wirklich loszulassen und zu investieren.

Natürlich wird es Rückschläge geben – wie im Fußball durch ein Foul oder eine falsche Taktik. Aber nur wer investiert ist, kann auch die Erträge mitnehmen, die die globale Marktwirtschaft erwirtschaftet.

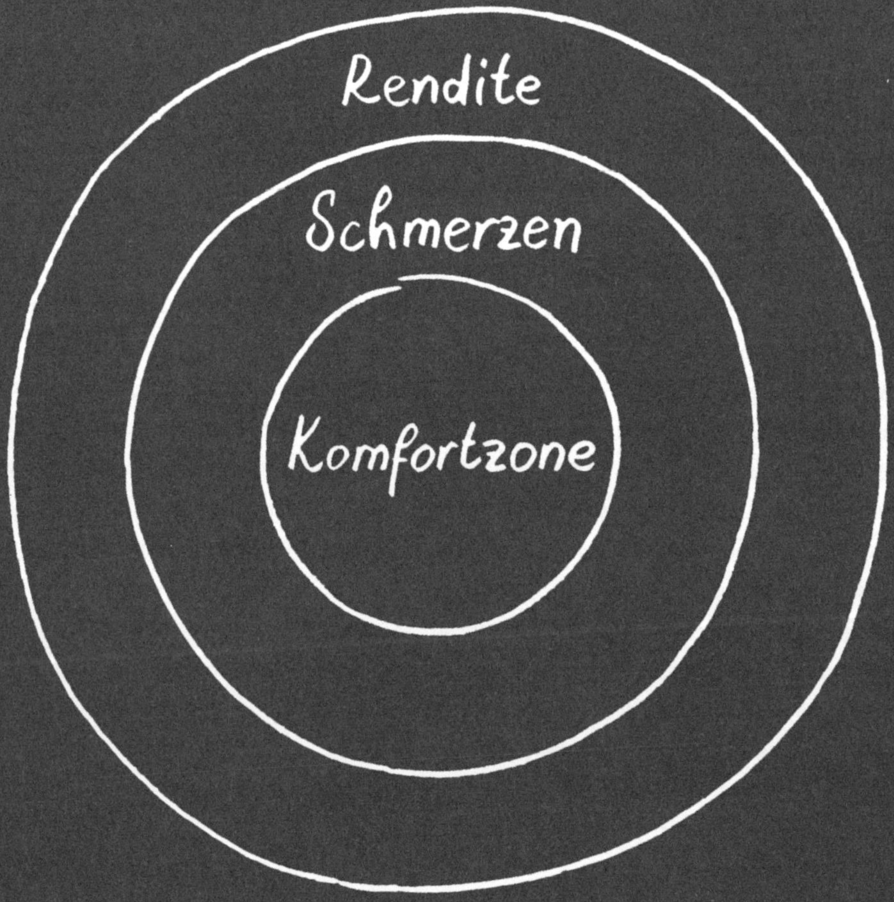
Rendite
Schmerzen
Komfortzone

Ohne Schmerzen keine Wertzuwächse

Wir Menschen lieben Sicherheit und Bequemlichkeit. Sparbuch, Tagesgeld, Festgeld – alles soll berechenbar bleiben. Doch so funktioniert es leider nicht: nicht im Sport, nicht beim Lernen und schon gar nicht an den Kapitalmärkten. Erst Training, Wiederholung, Durchhalten und das Verlassen der eigenen Komfortzone bringen den Fortschritt.

An den Märkten ist es nicht anders. Rendite gibt es nur, wenn man die unvermeidbaren Schwankungen aushält. Sie sind keine Störung, sondern das normale Grundrauschen des Marktes. Aktien sind nicht in erster Linie Renditequellen für Anleger, sondern Eigenkapital für Unternehmen. Wer investiert, teilt Chancen und das Risiko des Scheiterns einer unternehmerischen Idee.

Wer breit investiert, beteiligt sich an der Ertragskraft der gesamten Weltwirtschaft. Und die wächst – nicht als gerade Linie, sondern in Wellen, manchmal auch in Zacken. Und nur wer diese Wellen gelassen und mit dem richtigen Mindset »reitet«, kommt weiter.

Die eigentliche Gefahr liegt im Warten auf den »richtigen Moment«. Den gibt es nicht. Märkte sind nie normal: Entweder herrscht Krise, oder sie wirken zu teuer. Entscheidend ist, einen Plan zu haben, diszipliniert zu bleiben und breit zu streuen.

Am Ende zeigt sich: Nur wer die Komfortzone verlässt und die Schwankungen und Schmerzen aushält, sammelt die auf längere Strecke immer positiven Wertzuwächse der Märkte auch ein.

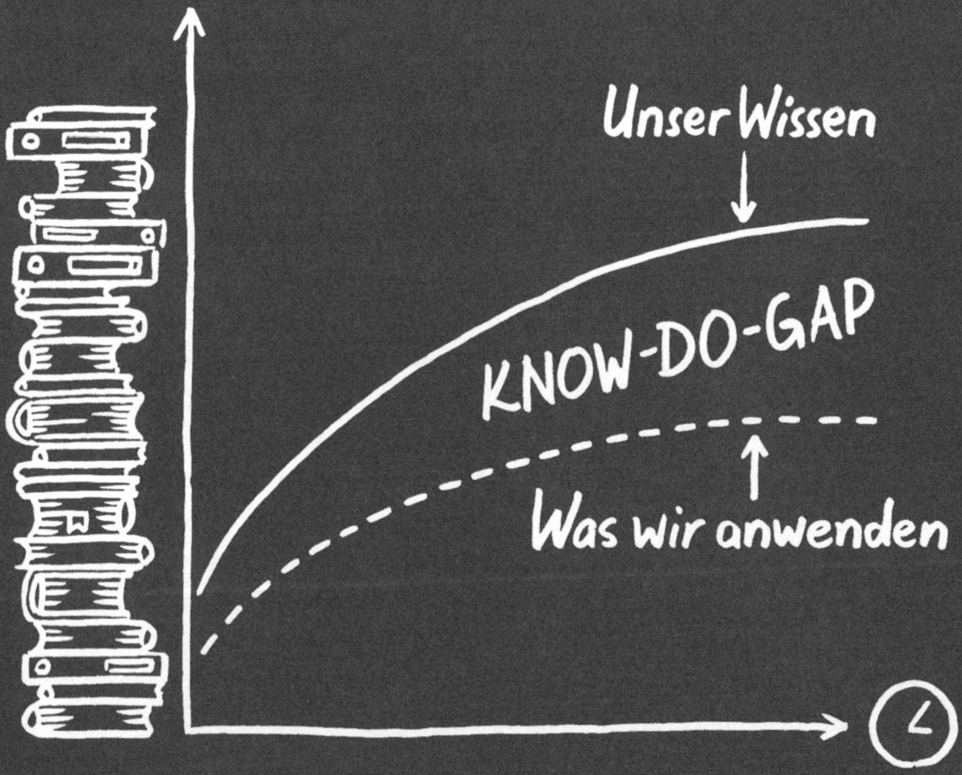
Unser Wissen
KNOW-DO-GAP
Was wir anwenden

Handeln schlägt Wissen

Der Bücherstapel steht sinnbildlich für unser Wissen und unsere Kompetenzen. Doch entscheidend ist nicht, wie hoch der Stapel ist, sondern was davon wir tatsächlich umsetzen.

Zwischen Wissen und Handeln klafft die sogenannte »Know-Do-Gap«. Meiner Erfahrung nach glauben viele Anleger, es fehle ihnen an Wissen. Doch man muss die Märkte nicht im Detail verstehen, man braucht vielmehr ein gesundes Grundwissen über die Marktmechanismen einer sozialen Marktwirtschaft, das man sich schnell aneignen kann – auch wenn man nicht finanzaffin ist.

In der Realität hapert es an der Umsetzung. Selbst gut informierte, intelligente Menschen treffen unkluge Entscheidungen – getrieben von ihren Emotionen und ihrem Bauchgefühl. Die Angst vor Verlusten hindert sie daran, das Wachstum der Märkte für sich zu nutzen. Pläne werden nicht in die Tat umgesetzt, nur weil Märkte schwanken.

Hinzu kommt die tägliche Informationsflut. Wir wissen heute mehr als je zuvor. Aber daraus das Wesentliche und Relevante zu filtern, fällt uns sehr schwer. Und selbst wem klar ist, was zu tun wäre, findet im Alltag selten die Ruhe, dieses Wissen auch konsequent anzuwenden und einfach mal zu investieren.

Darum zählt am Ende nicht unser Wissen über die Märkte und die Wirtschaft, sondern schlicht Disziplin. Ein einfacher Anlageplan, der durchgehalten wird, schließt die »Know-Do-Gap« – und führt zum Erfolg.

Der größte Gegner steht im Spiegel – Disziplin statt Bauchgefühl

Der schlimmste Gegner vieler Anleger sind sie selbst. Angst, Gier, Ungeduld, Trägheit, Aufschieberitis – Gefühle wiegen stärker als Fakten: It's the emotion, stupid.

Viele Anleger steigen, von Medien und Finfluencern aufgepeitscht, euphorisch ein, wenn sich die Märkte gut entwickeln. Oder sie verkaufen panisch, wenn es mal ruckelt, obwohl Schwankungen der Normalzustand sind. Kurzfristdenken, Herdentrieb, Selbstüberschätzung, Bauchgefühle: der sichere Weg zu sehr teuren Fehlern.

Die Forschung ist seit Jahrzehnten eindeutig: Nicht Intuition oder Market Timing macht den Unterschied. Sondern ein klarer Plan. Geduld. Konsequenz. Eine durchdachte, fundierte Strategie. Sie schlägt spontanes, impulsives Handeln jedes Mal. Darum lohnt der selbstkritische Blick in den Spiegel. Wer die eigenen Schwächen kennt und sich an klare Regeln, Geduld und Struktur hält, baut Vermögen auf und schützt es besser als jede Prognose oder Wette auf den »richtigen« Moment.

So wichtig und schön unsere Emotionen sind und uns als Menschen ausmachen, so gefährlich sind sie an den Finanzmärkten: Angst stoppt, Gier übertreibt.

Amygdala

Hilfreich gegen Säbelzahntiger – fatal an der Börse

An der Börse scheint es nur zwei Zustände zu geben. Läuft alles rund, heißt es: »Zu teuer, um einzusteigen.« Kommt die Krise, heißt es: »Jetzt auf keinen Fall.« Mehr gibt es praktisch nicht.

Den perfekten Moment habe ich in 32 Jahren als Berater nie erlebt. Unsicherheit gehört immer dazu. Doch genau sie löst Alarm aus. Unsere Amygdala reagiert seit Urzeiten immer gleich – mit Angst, Flucht oder Kampf. An der Börse aber führt dieser Instinkt zu den immer gleichen Fehlern: vorschnelles Verkaufen, Zögern beim Einstieg, Orientierung an Schlagzeilen.

Die Medien verstärken das. Crash-Szenarien verkaufen sich besser als Rekordstände. So entsteht in uns das Gefühl, immer falschzuliegen – und der Instinkt übernimmt das Steuer.

Rational betrachtet ist es anders: Breit gestreute Aktienportfolios sind eine der stabilsten Renditequellen überhaupt. Unabhängig vom Einstiegszeitpunkt. Entscheidend ist, die Fakten über den Alarm zu stellen. Nicht der Instinkt schützt beim Investieren, sondern Disziplin und ein klarer Plan – auch wenn das evolutionsbiologisch noch nicht in uns verankert ist.

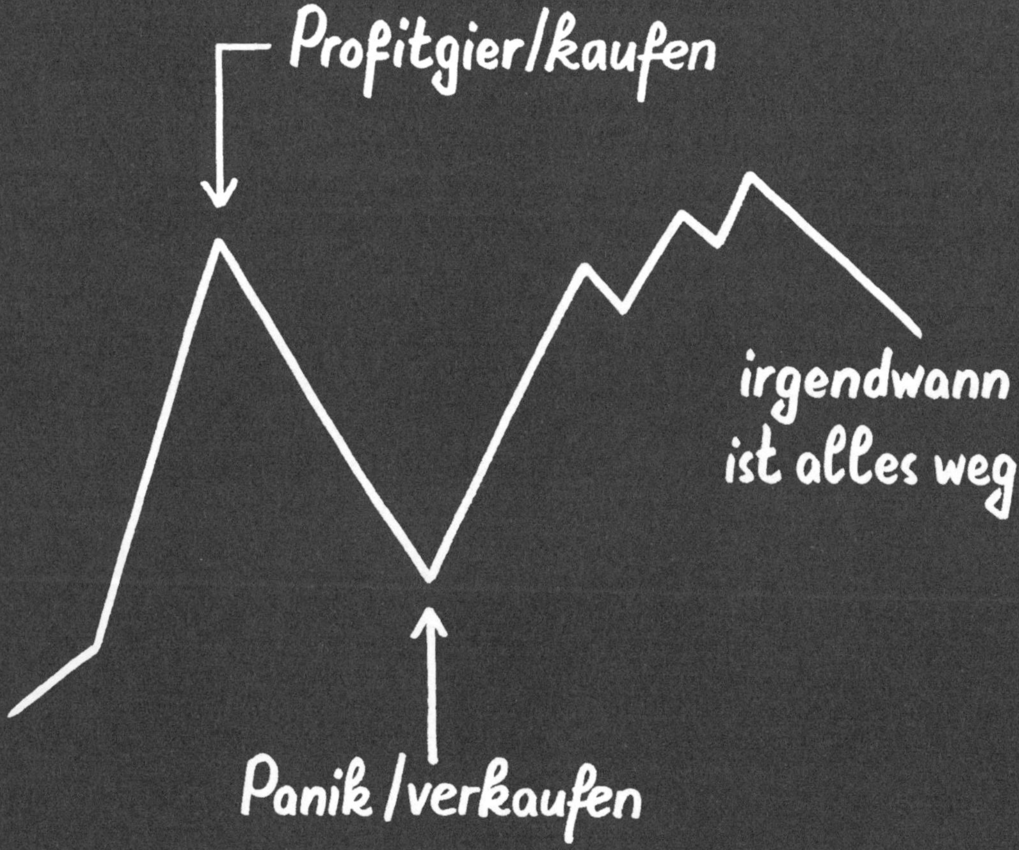
Profitgier/kaufen
irgendwann ist alles weg
Panik /verkaufen

Das gefährlichste Fahrgeschäft der Welt

Steigen die Kurse, dominiert Gier. Wir kaufen, weil wir glauben, es geht immer so weiter. Fallen die Kurse, übernimmt die Angst. Wir verkaufen, um vermeintlich Schlimmeres zu verhindern. Dieses Verhalten fühlt sich zwar im jeweiligen Moment richtig an, ist aber das Gegenteil von rational, weil es einzig von unseren Emotionen ausgelöst wird.

So entsteht eine Endlosschleife: teuer kaufen, billig verkaufen. Verstärkt wird sie durch den ständigen Lärm der Märkte – Schlagzeilen, Prognosen, Tipps. Doch die Forschung zeigt seit Jahrzehnten: Emotionen – so wichtig sie für uns Menschen sind und uns ausmachen – sind bei Finanzentscheidungen denkbar schlechte Ratgeber. Disziplin schlägt Bauchgefühl.

Viele Anleger sitzen in dieser Achterbahn unangeschnallt im Wagen – den Fliehkräften bei jedem Auf und Ab ausgeliefert. Wer dagegen klare Regeln hat, breit streut und langfristig denkt, behält die Kontrolle und schützt sein Vermögen.

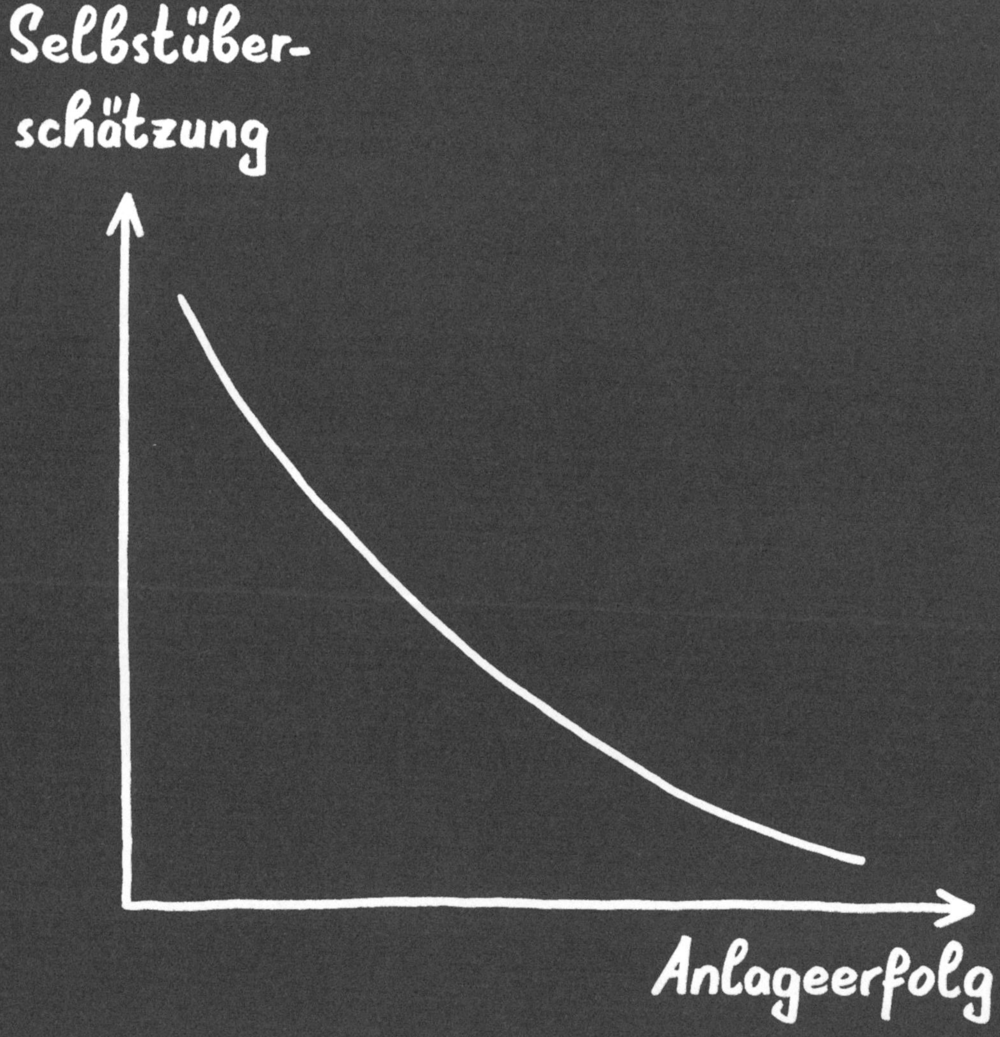
Selbstüber-
schätzung
Anlageerfolg

Der größte Unsicherheitsfaktor ist man selbst

Selbstüberschätzung ist an den Märkten weitverbreitet – und teuer. Viele Anleger – Profis wie Amateure – glauben, sie könnten den richtigen Moment erkennen, die besten Aktien auswählen oder Wendepunkte vorausahnen.

Ein klassischer Irrtum.

Die Forschung zeigt: Je sicherer sich jemand fühlt, je meinungsstärker er auftritt, desto schlechter sind meist die Ergebnisse.

Der Grund ist psychologisch. Erfolg schreiben wir uns selbst zu, Misserfolg nennen wir Pech. So entsteht eine gefährliche Schleife: Zu viel Selbstvertrauen führt zu übermäßig vielen Entscheidungen – und jede kostet Rendite.

Wer die Grenzen des eigenen Wissens akzeptiert, hat einen Vorteil, denn Märkte sind komplexe, anpassungsfähige Systeme. Sie verlaufen nicht gradlinig nach unten oder oben, weil wir Menschen sind und Probleme schaffen, aber auch lösen. Und all das, das Marktgeschehen, ist viel zu komplex, als dass Sie es vorhersehen könnten. Sie können aber zumindest versuchen, es zu verstehen – und als Realität annehmen.

Evidenzbasiertes Investieren zieht daraus eine einfache Konsequenz: Keine Vorhersagen. Kein Heldentum. Kein Timing. Sondern Struktur, Konsequenz und Demut vor der Wirklichkeit.

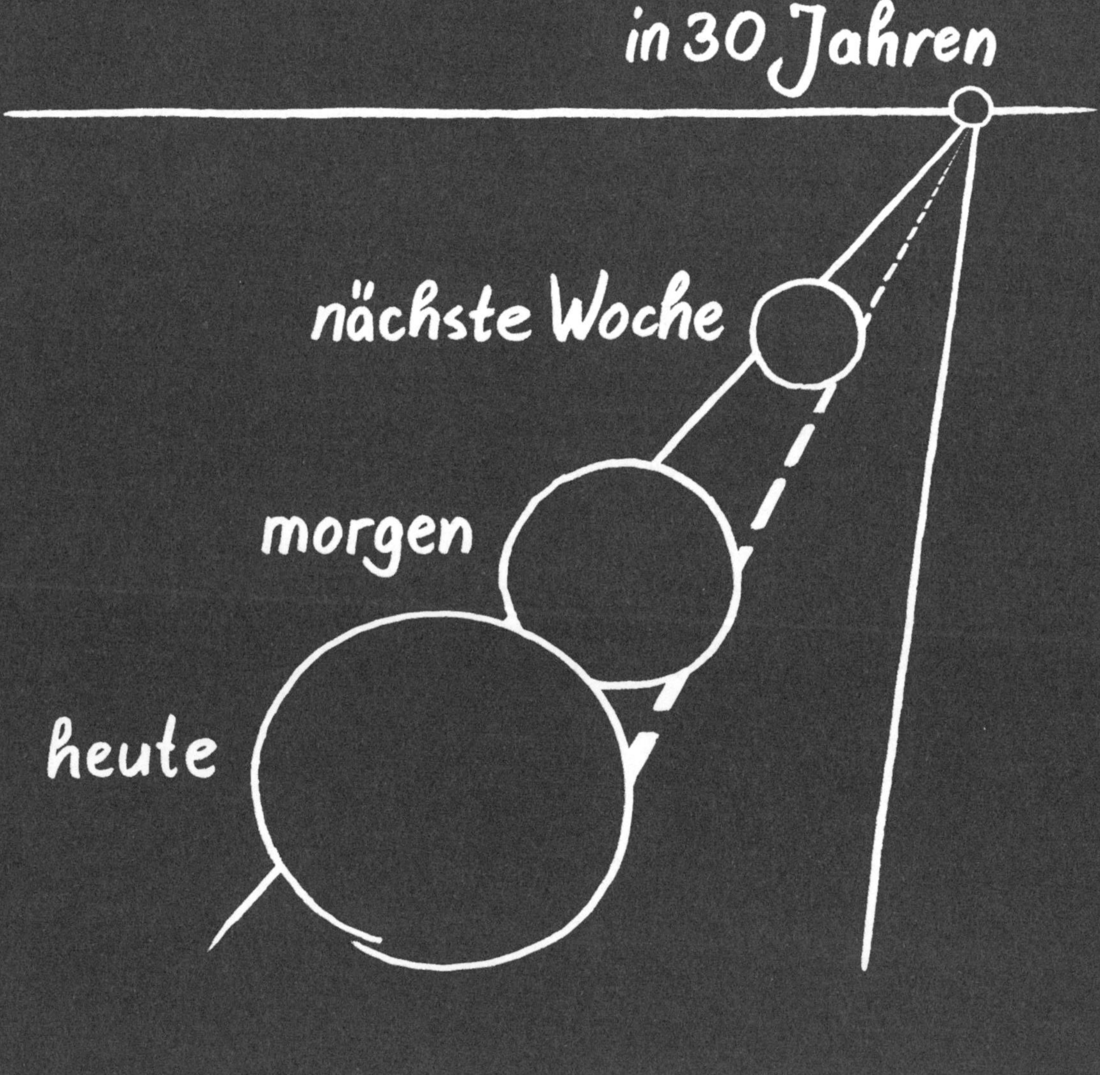
in 30 Jahren
nächste Woche
morgen
heute

Das Heute ist lauter als die Zukunft

Die meisten Menschen sind überzeugt, Informationen rational und objektiv aufzunehmen. Klingt plausibel. Die Forschung sagt: Stimmt nicht. Seit Langem ist klar, dass unser Gehirn voller Voreingenommenheiten steckt – sogenannte Bias. Eingebaute Muster der Informationsverarbeitung, oft unbewusst, aber mit enormer Macht über unser Verhalten.

Einer davon ist der Recency Bias. Er beschreibt unsere Neigung, die neuesten Entwicklungen zu stark zu gewichten – und sie einfach in die Zukunft fortzuschreiben. Jüngere Daten erscheinen uns wichtiger als ältere, obwohl es rational keinen Grund dafür gibt.

Ein Beispiel: Fallen die Aktienkurse, senken Anleger sofort ihre Erwartungen für die Zukunft. Dabei wäre das Gegenteil logisch. Historische Daten zeigen: Wer zu niedrigen Kursen kauft, erzielt langfristig die höheren Renditen. Steigen die Kurse, passiert das Umgekehrte: Euphorie setzt ein, Anleger kaufen, obwohl die Preise jetzt hoch sind.

So erklärt sich, warum es immer wieder zu Übertreibungen kommt – nach unten wie nach oben. Der Recency Bias sorgt dafür, dass die meisten Anleger genau im falschen Moment handeln.

Darum gilt: Die Perspektive auf den gesamten Anlagezeitraum richten. Nicht jede neue Nachricht, nicht jede Schwankung zum Maßstab machen. Das Heute wirkt laut, verlockend. Aber entscheidend ist das Ganze – nicht der Moment.

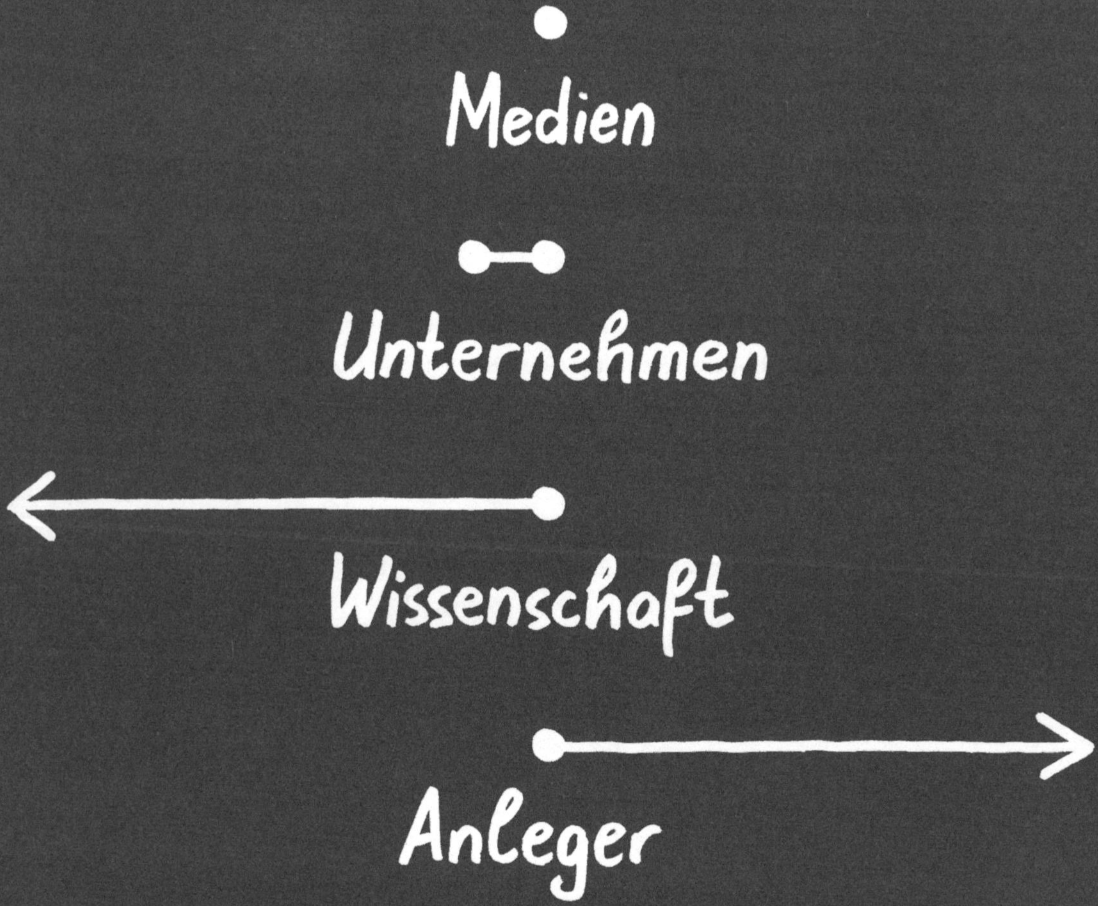
Medien
Unternehmen
Wissenschaft
Anleger

Perspektiven gibt es viele – entscheidend ist die eigene

Medien, Unternehmen, Politik – alle schauen durch ihre eigene Brille. Und ja, jeder hat damit ein Stück weit recht. Nur: Für Anleger taugt das wenig. Diese Sichtweisen sind subjektiv, kurzfristig, oft von Eigeninteressen geprägt.

Medien leben von Schlagzeilen. Unternehmen reden im eigenen Auftrag, beschönigen Zahlen, malen Prognosen. Politiker denken in Wahlzyklen und setzen Anreize, die nur bis zur nächsten Abstimmung reichen. Das hat alles seine Logik. Aber für jemanden, der über Jahrzehnte anlegt? Eher nutzlos.

Die breite Wissenschaft tickt anders. Sie blickt weit zurück – 50, 70, manchmal 100 Jahre. Keine PR, keine Schlagzeilen, keine Wahlreden. Nur Daten. Nüchtern, breit, überprüfbar.

Und das eigentlich Erstaunliche: Wir vertrauen der Wissenschaft fast in allen Lebensbereichen: beim Fliegen, in der Medizin, beim Autofahren – aber beim Investieren glauben viele lieber an Meinungen, Gefühle oder Prognosen.

Für Anleger bietet die wissenschaftliche Sicht doch die viel verlässlichere, objektivere Entscheidungsgrundlage. Denn Renditen entstehen nicht durch das Starren auf den nächsten Monat, sondern über Zeiträume, die Geduld brauchen. Konsequenz. Breite Streuung. Und den Mut, auch mal nichts zu tun.

An den Märkten prallen all diese vielen Interessen aufeinander. Journalisten leben vom Moment, Unternehmen von Quartalen, Politiker von Wahlperioden. Forscher dagegen denken in anderen Dimensionen – und erkennen und überprüfen dabei Muster, die bleiben.

Also: Wer für seine Zukunft spart, braucht keine Tagesnachrichten und keine Quartalsprognosen, sondern Orientierung.

Die eigentliche Herausforderung liegt in unserem Kopf. Für Anleger zählt nicht der Moment, sondern das Jahrzehnt. Erfolg misst sich nicht in Tagen oder Monaten – aber über Zeit, Struktur und den langen Atem.

Was für Odysseus der Mast war, ist für Anleger die Strategie

Die alten Mythen sind oft erstaunlich aktuell. Odysseus ließ sich am Mast festbinden, um dem Gesang der Sirenen zu widerstehen. Anleger können diese Versuchung wahrscheinlich heute gut nachvollziehen bei der heutigen medialen Geräuschkulisse. Die heutigen Sirenen sind die dauerpräsenten Medien, Influencer, Experten und sonstigen Lautsprecher auf allen Kanälen.

Die Meinung der Forschenden ist hier recht eindeutig: Die Nachrichtenflut bringt Privatanlegern keinen Vorteil. Börsen sind hocheffiziente Informationsverarbeiter. Alles fließt sofort ein – Daten, Erwartungen, Ängste. In Echtzeit entstehen Preise. Kein Anleger, kein Journalist, keine künstliche Intelligenz ist schneller als der Markt. Schlagzeilen? Sie erzählen häufig nur nach und schreiben ab, interpretieren, spekulieren. Aus dem Auf und Ab der Märkte lassen sich eben prima Geschichten erzählen – über Produkte, Menschen, Unternehmenslenker … Und doch lassen sich viele davon mitreißen. Wer keinen klaren Plan hat, wirft bei jedem medialen Impuls die eigene Strategie über Bord. Und verliert damit die Erträge, die nur eine Strategie, Zeit und Disziplin bringen.

Odysseus hatte seinen Trick – für Anleger sind eine klare Strategie, Disziplin, den Lärm ausblenden der sichere Mast. Kurzfristige Ereignisse ändern nichts am Kurs.

Am Ende hilft nur eines: Disziplin. Sie ist unsere Fessel am Mast – und bewahrt davor, vom geplanten Kurs abzukommen.

In den Abgrund zu blicken, ist für uns die leichteste Übung

Es fällt uns Menschen immer wieder leicht, uns im Falle einer krisenhaften Entwicklung das Schlimmste vorzustellen und uns mental in den Abgrund zu spinnen. Ein einzelner Satz in den Nachrichten reicht, und unser Gehirn wechselt in den Untergangsmodus: Kollaps, Aussterben, bald ist alles vorbei.

Für Anleger heißt das oft: Aus einer beunruhigenden Nachricht wird eine klare Handlungsanweisung: Flucht – oder deren Börsenäquivalent Verkauf, statt noch einmal in Ruhe darüber nachzudenken.

Dieses Verhalten ist tief in unserer Psyche verankert und wird gerne von der Medienökonomie getriggert. Negatives bleibt länger im Kopf, weil unser Gehirn evolutionär bedingt dadurch auf Alarm schaltet. Medien verstärken das, weil dramatische Geschichten Leser und Klicks bringen. Infolgedessen überschätzen wir immer wieder Extremrisiken und unterschätzen die Fähigkeit von Menschen und dynamischen Systemen, Probleme zu lösen.

Wirtschaft und Technologie sind aber extrem dynamisch, Krisen erzwingen geradezu Antworten, Anpassungen, neue Lösungen – und sind deshalb automatisch nicht das Ende, sondern der Beginn einer Anpassung.

Denken Sie im Falle einer schlechten Nachricht nochmal darüber nach. Erkennen Sie das Muster. Wenn die Vorstellung vom »Abgrund« auftaucht, fragen Sie: Wie wahrscheinlich ist dieses Szenario wirklich? Welche Daten stützen es? Welche realistischen Gegenkräfte gibt es?

Für Ihr Portfolio heißt das praktisch: Regeln und Diversifikation bauen einen Schutzwall gegen Panik. Verlassen Sie sich auf Wahrscheinlichkeiten, nicht auf Geschichten. Und erinnern Sie sich: Wir Menschen haben immer wieder komplexe Probleme gelöst – das ist keine Garantie, aber sollte als Tatsache in jeder Risikoabwägung berücksichtigt werden. Könnten wir uns nicht so gut an veränderte Umstände anpassen, wären wir als Spezies wahrscheinlich längst ausgestorben.

Vom Problembären zum Problemlöser: Anpassung ist unsere Superkraft

Wir Menschen sind oft »Problembären«. Wir sehen Störungen, rechnen mit Eskalation – und erwarten den Untergang. Genau dieses Muster nutzen Untergangspropheten und Populisten: Sie schüren Angst, statt Lösungen zu zeigen.

Doch Krisen sind normal. Sie gehören zum Leben. Entscheidend ist nicht ihre Vermeidung, sondern unsere Reaktion darauf. Politik, Wirtschaft und Gesellschaft passen sich an. Komplexe Systeme wie die Weltwirtschaft finden Wege, Störungen abzufedern. Die Geschichte dokumentiert unsere Anpassungsfähigkeit eindrucksvoll – nach Pandemien, Finanzkrisen oder geopolitischen Konflikten. Immer wieder zeigt sich: Märkte reagieren, Unternehmen transformieren, Gesellschaften lernen.

Wer aus Angst nicht investiert, bleibt außen vor. Nur wenige Handelstage sind für einen Großteil der langfristigen Renditen verantwortlich – und diese Tage erlebt nur, wer investiert bleibt. *Time in the market beats timing the market.*

Langfristig ist es am riskantesten, nicht investiert zu sein. Geldvermögen verliert in einem inflationären Umfeld Jahr für Jahr an Kaufkraft. Wer den Märkten fernbleibt, verpasst die entscheidenden Tage, die den Unterschied machen.

Schwankungen in einem breit gestreuten Portfolio sind keine tiefen Risiken. Sie sind der Preis für Rendite. Tiefe Risiken dagegen sind unumkehrbar: Inflation, Enteignung, Deflation oder Zerstörung. Ein wissenschaftlich aufgebautes, global gestreutes Portfolio federt Schwankungen ab – und erholt sich. Immer wieder.

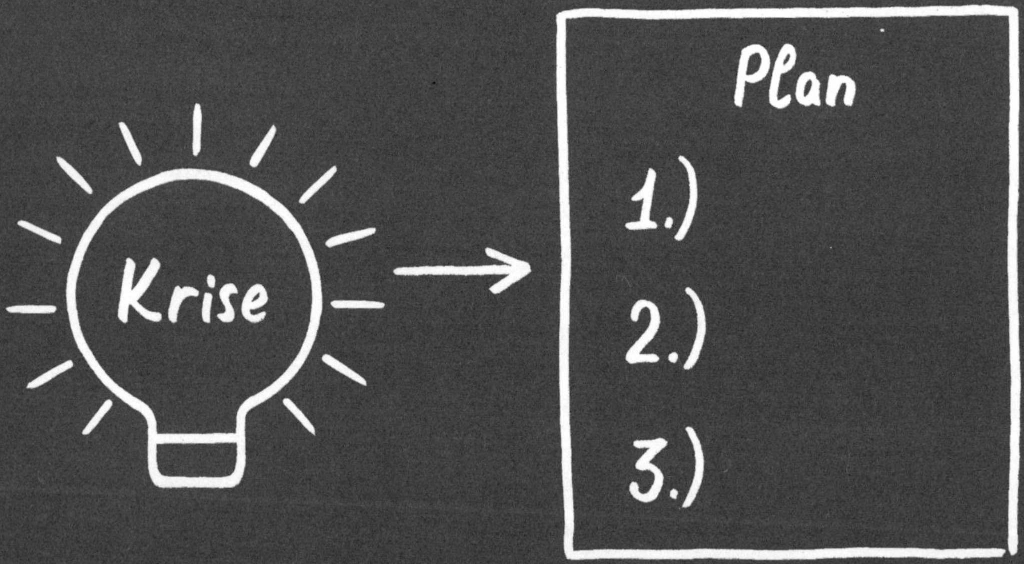
Krise
Plan
1.)
2.)
3.)

Der beste Tranquilizer für unsere Amygdala?

In Stresssituationen übernimmt die Amygdala das Kommando – obwohl eigentlich der präfrontale Kortex gefragt wäre. Sie löst Alarm aus, wir verlieren die Nerven, handeln instinktiv – und treffen falsche Entscheidungen.

Ein Pilot im Cockpit darf das nicht zulassen. Darum hat er für Notfälle Checklisten. Schritt für Schritt arbeitet er sie ab – nicht, weil er die Abläufe nicht kennt, sondern weil er weiß, dass Druck den klaren Kopf vernebelt. Diese Routine bringt seine Passagiere auch in unvorhersehbaren Situationen sicher ans Ziel.

Ähnlich handeln Ärzte, die bei einer Wiederbelebung klar definierten Abläufen folgen, oder Feuerwehrleute, die Evakuierungen nach Protokoll trainieren.

Regeln geben Halt, wenn Chaos und Zeitdruck alles andere überlagern.

Anleger brauchen dasselbe. In Marktkrisen übernehmen sonst Panik und Bauchgefühl. Die Antwort ist »regelbasiertes Investieren«: ein prognosefreies, wissenschaftlich konstruiertes Portfolio und ein klarer Notfallplan, den man regelmäßig überprüft. Regeln ersetzen Emotion durch Disziplin. Sie stammen aus Kapitalmarktforschung und Verhaltensökonomie – und verhindern, dass die Amygdala das Steuer übernimmt.

Wer sich an Regeln bindet, bleibt ruhig. Und diese Ruhe ist der beste Tranquilizer für die Amygdala.

Loslassen ist auch eine Strategie

Der Ankereffekt ist einer der hartnäckigsten Denkfehler beim Investieren. Wir orientieren uns an Vergangenem: am früheren Kurs, an einem Einstiegspreis, an einem »gefühlten fairen Wert«. Diese Zahl wird zum Anker – und zieht unsere Entscheidungen unbemerkt in eine Richtung.

So entstehen typische Sätze: »Die Aktie war mal doppelt so teuer, die muss doch wieder steigen.« Oder: »Ich warte, bis ich wieder im Plus bin.« Der Markt aber kennt diese Anker nicht. Er bewertet ständig neu – und nur nach Aussichten, die in der Zukunft liegen, nicht nach der Vergangenheit. Vergangenheit spielt überhaupt keine Rolle.

Evidenzbasiertes Investieren schützt genau davor. Wer breit gestreut investiert, nicht auf Einzelwerte setzt und keine Prognosen wagt, gibt diesem Mindset-Anker keinen Halt.

Buy-and-Hold ist die Konsequenz, den Markt entscheiden lassen, ihm demütig zu vertrauen, die Schwarmintelligenz aller Marktteilnehmer zu nutzen, statt den eigenen Denkfehlern Raum zur Entfaltung zu geben.

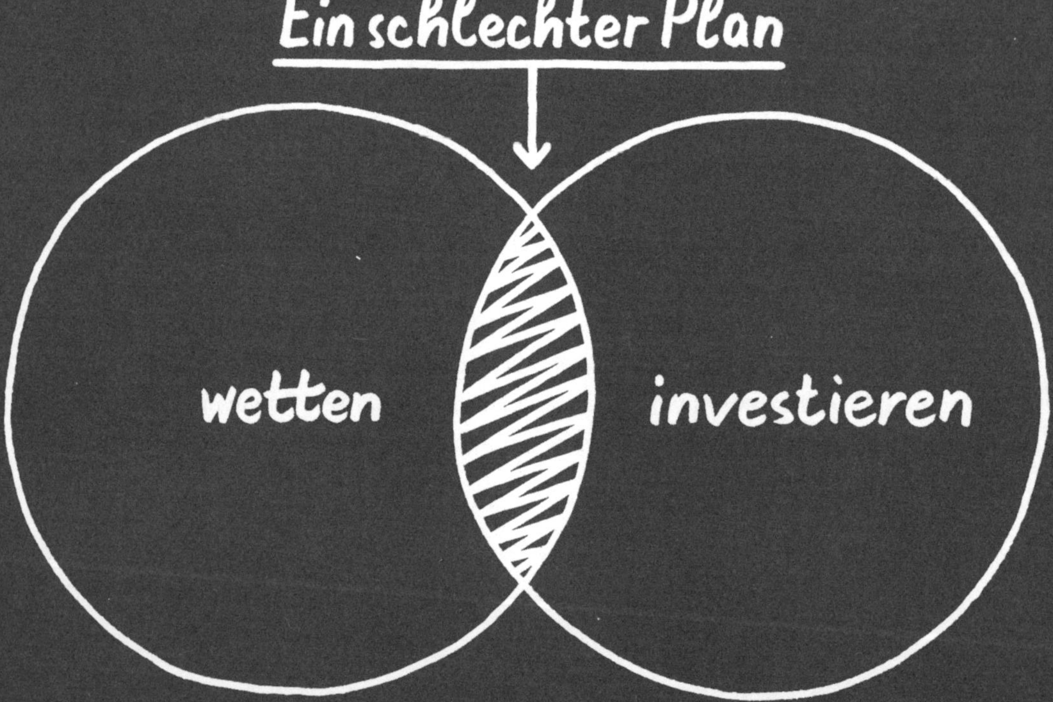
Ein schlechter Plan
wetten
investieren

Rendite braucht Substanz, nicht Wunschdenken

Viele Anleger kaufen Wertpapiere und hoffen, dass es gut geht. Doch Hoffnung ist keine Strategie. Kapitalmärkte sind weitgehend effizient. Jede bekannte Information ist längst eingepreist: Unternehmensdaten, politische Entwicklungen, sogar Stimmungen der Marktteilnehmer. Nur neue Informationen – die heute noch niemand kennt – bewegen die Preise. Prognosen sind deshalb nichts anderes als Spekulation. Und Hoffnung wird regelmäßig enttäuscht.

Die Forschung zeigt klar: Selbst die Besten, selbst vermeintliche Experten können Marktbewegungen nicht regelmäßig zuverlässig vorhersagen. Wer glaubt, es besser zu wissen, spielt ein Verliererspiel.

Der Ausweg liegt in Disziplin. Einsteigen und drinbleiben – aber immer evidenzbasiert.

Nicht einzelne Hoffnungen und Stars, sondern die gesamte Weltwirtschaft abbilden. Ein breit gestreutes Portfolio ersetzt Spekulation durch Stabilität. Rendite beruht dann nicht auf Wünschen, sondern auf der Ertragskraft der gesamten Weltwirtschaft.

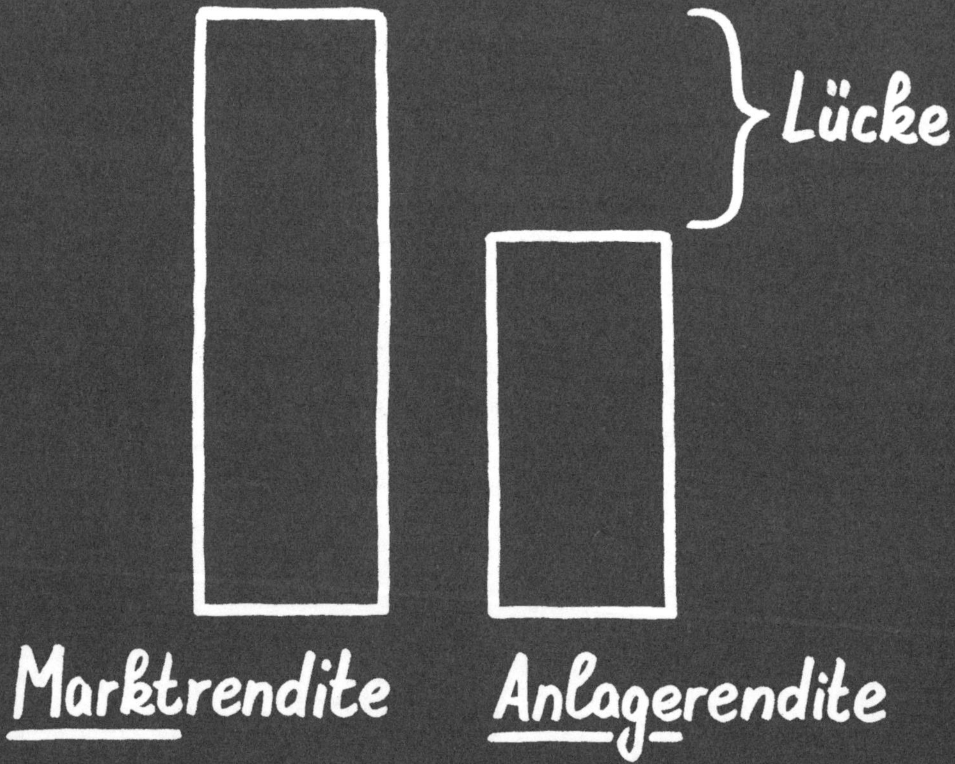
Lücke
Marktrendite
Anlagerendite

Mind the Gap. Nicht der Markt macht Fehler, sondern wir

Zahlreiche Studien zeigen: Privatanleger erzielen in den meisten Fällen viel weniger als die Marktrendite. Das liegt nicht an fehlenden Chancen, sondern am eigenen Verhalten.

Drei Dinge kosten am meisten Rendite: erstens die Kosten. Verwaltungsgebühren, Transaktionen, Steuern – sie fressen Ertrag, leise, aber stetig. Zweitens das Timing. Wer glaubt, den Markt vorhersagen zu können, kauft meist zu spät und verkauft zu früh. Und drittens: Emotionen. Angst und Gier führen zu Kurzschlussreaktionen, die langfristig teuer werden.

Das Gute ist: Diese Fehler sind vermeidbar. Mit günstigen Indexfonds sinken die Gebühren. Mit Buy-and-Hold-Strategien verringern sich Steuern und Transaktionen. Und wer diszipliniert nach Plan investiert, schützt sich vor den größten Fallen.

Der Schlüssel zum Anlageerfolg ist unser Verhalten.

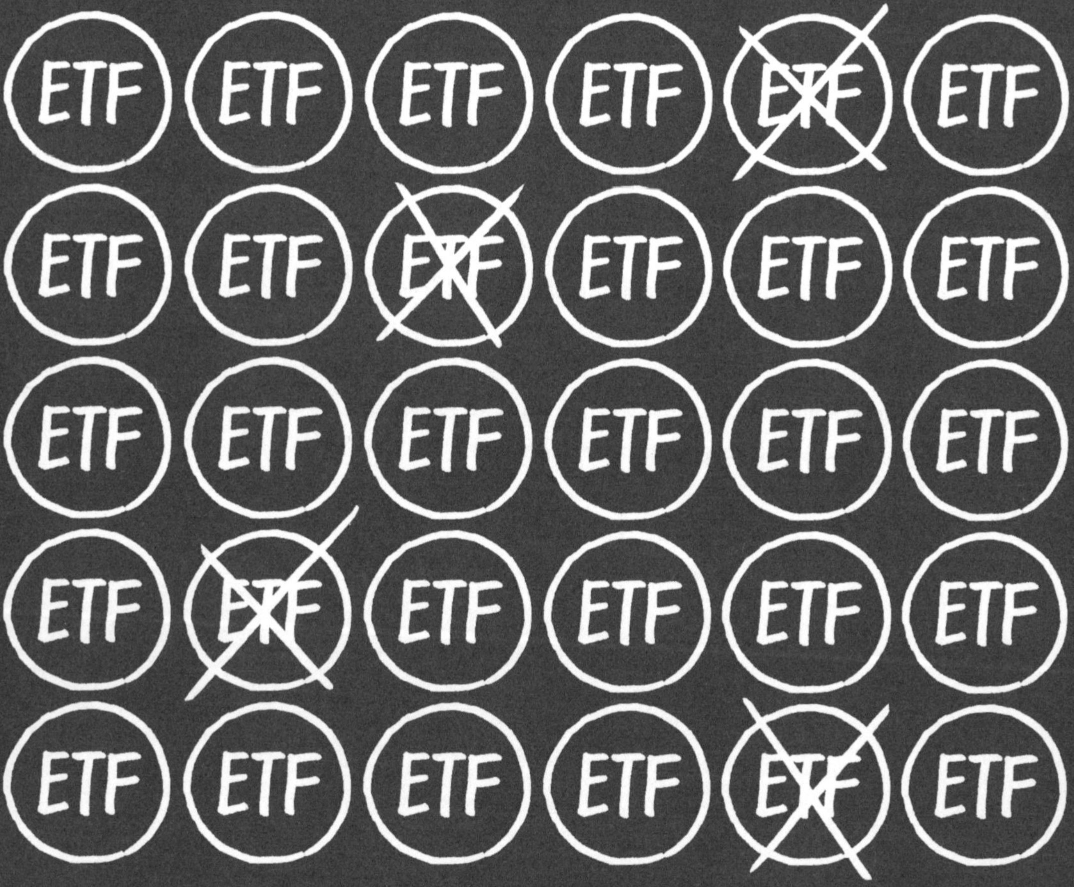
ETF
ETF
ETF
ETF
ETF
ETF
ETF
ETF
ETF
ETF
ETF
ETF
ETF
ETF
ETF
ETF
ETF
ETF
ETF
ETF
ETF
ETF
ETF
ETF
ETF
ETF
ETF
ETF
ETF
ETF

Warum ETF-Anleger sich oft zu sehr einmischen

ETF – das neue Lotto für Anleger?

ETFs gelten als Wundermittel: günstig, transparent, breit gestreut. Und ja, sie sind ein Fortschritt. Aber auch hier gilt – es kommt darauf an, wie man sie nutzt.

Studien zeigen: Viele Privatanleger erzielen mit ETFs spürbar geringere Wertzuwächse, als es die Marktrendite der jeweiligen Segmente erwarten lässt.

Warum? Weil sie zu oft handeln. ETFs machen es leicht, schnell in den Markt ein- und wieder auszusteigen – und genau das ist das Problem. Anleger folgen ihrem Bauchgefühl und nutzen ETFs taktisch, obwohl sie eigentlich ein passives Anlageinstrument sind. Sie kaufen, wenn die Kurse steigen, und verkaufen, wenn sie fallen.

Das Ergebnis: zu viel Trading, höhere Kosten, unnötige Steuern – und am Ende weniger Rendite. Ein ETF ist kein Spielschein, sondern ein Werkzeug, um Marktrenditen »einzusammeln« – nicht darauf zu wetten. Das Wetten können aktive Vermögensverwalter besser.

Ein ETF funktioniert nur dann, wenn Sie ihn langfristig halten – ruhig, diszipliniert, ohne ständig einzugreifen. Passiv eben. Wenn Sie dauerhaft Erfolg haben möchten, brauchen Sie keinen Nervenkitzel, sondern Struktur. Wenn Sie ständig an- und verkaufen, investieren Sie nicht, sondern spielen Lotto.

Verhalten
Aktienanteil
kleine Aktien
Substanzaktien

Prognosen
Einzelwerte
Medienlärm
Tipps

Das, was zählt – und das, was stört

Erfolg an den Kapitalmärkten hängt selten von dem ab, worüber am meisten gesprochen wird. Nicht von Schlagzeilen, Finfluencern, Prognosen oder Tipps vom Nachbarn oder Arbeitskollegen. Und schon gar nicht von der Auswahl einzelner Aktien.

Wirklich entscheidend sind andere Dinge – leise, unspektakulär, aber wirksam. Unser eigenes Verhalten zum Beispiel. Die Fähigkeit, cool zu bleiben, wenn Märkte schwanken. Der richtige Aktienanteil – also die Balance zwischen Ertrag und Risiko. Und die Struktur des Portfolios, die aus den Erkenntnissen der Kapitalmarktforschung abgeleitet ist: Alles ins Portfolio, aber kleine Unternehmen, Substanzaktien und besonders profitable Unternehmen übergewichten. Und immer breit streuen.

Das sind genau die Faktoren, die nachweislich über den langfristigen Erfolg entscheiden. Alles andere sind Lärm und Geschichten, die uns selten – oder nur mit Glück – zu einer guten Investment-Erfahrung verhelfen. Und wer setzt schon auf Glück, wenn es um rationale Entscheidungen geht?

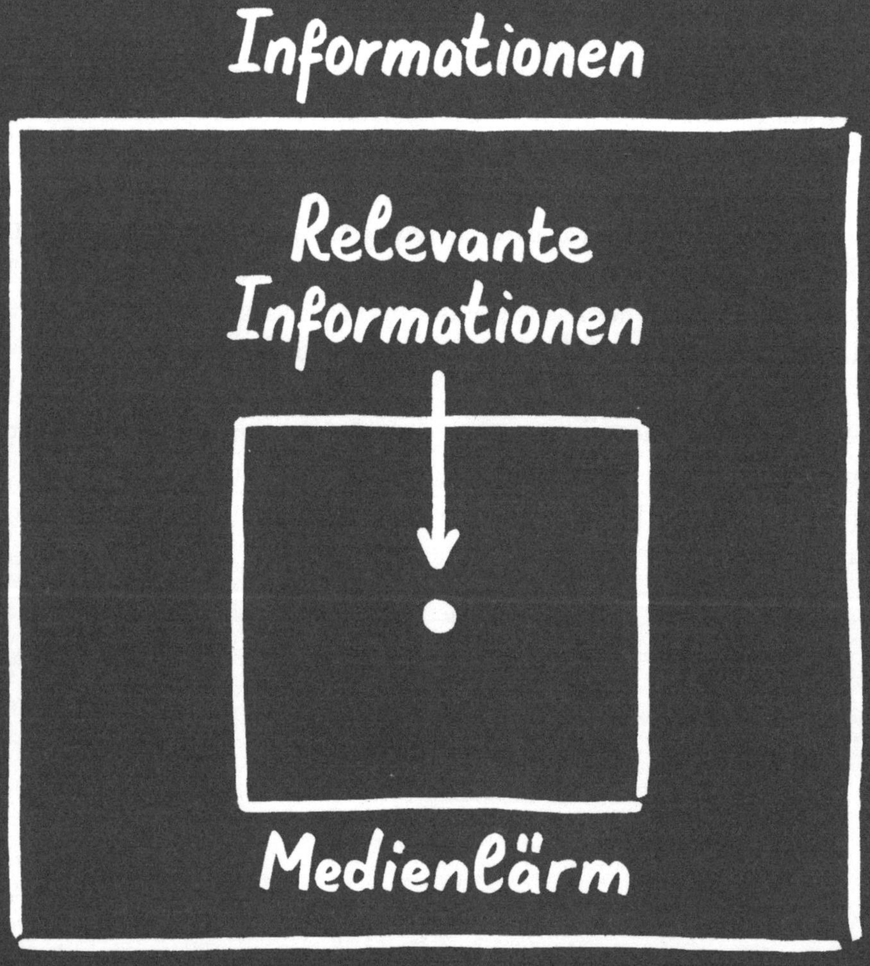
Informationen
Relevante Informationen
Medienlärm

Was wirklich zählt, ist selten laut

Wir leben in einer Zeit, in der es zu allem viele Meinungen gibt – und zu jeder Meinung noch drei Schlagzeilen. Märkte steigen, Märkte fallen, Experten warnen, Experten beschwichtigen. Alles klingt wichtig, ist es meist aber nicht.

Das eigentliche Problem ist nicht der Mangel an Informationen, sondern ihr Überfluss. Zwischen all den Meldungen, Analysen und Kommentaren steckt nur ein winziger Teil, der wirklich relevant ist. Der Rest ist Lärm – laut, schnell und meistens folgenlos.

Anleger, die diesem Dauerrauschen zu lange zuhören, verlieren leicht den Blick fürs Wesentliche. Sie reagieren, statt zu handeln, und ihre Entscheidungen werden unruhig. Darum ist es oft besser, leiser zu treten. Sich auf das zu konzentrieren, was man beeinflussen kann – und den Rest einfach ziehen zu lassen. Denn wer dauernd hinhört, verpasst leicht das, was wirklich zählt: Ruhe, Klarheit und die Fähigkeit, dranzubleiben.

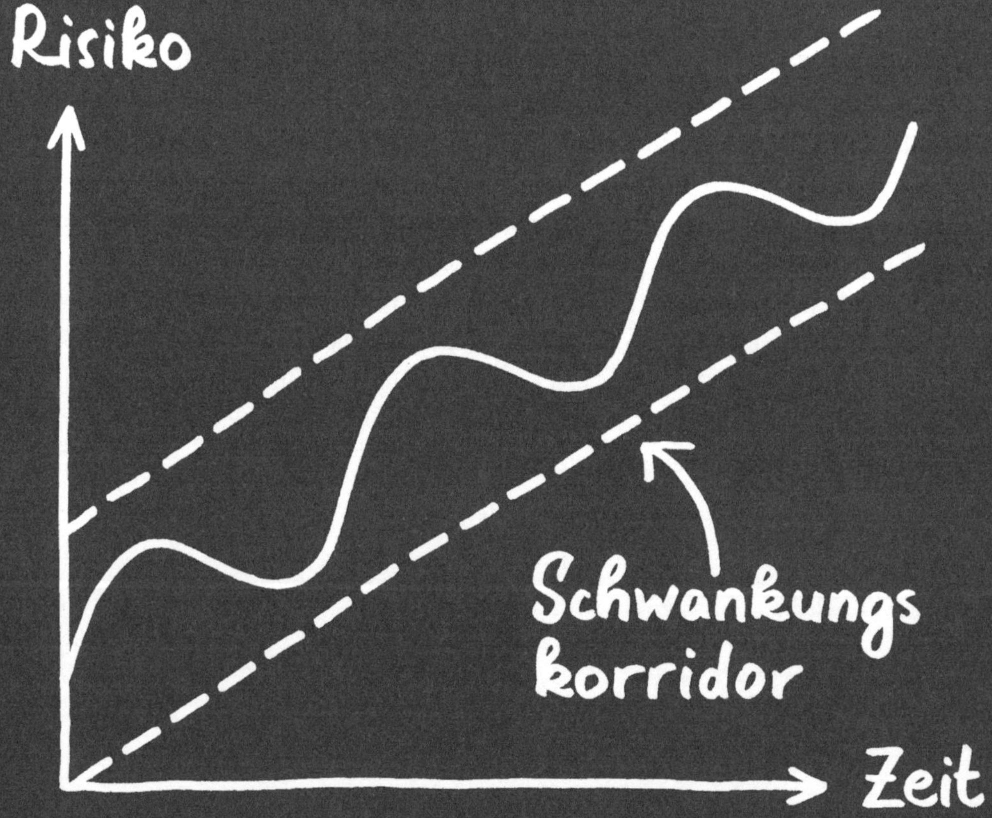
Risiko
Schwankungs
korridor
Zeit

Nur wer einen Plan hat, bleibt auf Kurs

Weder im Leben noch in der Wirtschaft verlaufen Entwicklungen linear oder gradlinig. Die Welt ist schlicht zu komplex, als dass wir über längere Zeiträume gleichmäßige Entwicklungen erwarten könnten. Für Anleger heißt das: Schwankungen sind normal und gehören dazu – die Frage ist nur, ob man sie aushält.

Dazu braucht es Klarheit über die eigene Risikotragfähigkeit. Wer weiß, welchen Schwankungskorridor er erträgt, kann sein Portfolio daran ausrichten und es immer wieder mit den eigenen Lebenszielen abgleichen. Denn auch die verändern sich. Alter, Erfahrung, Lebenssituation – all das wirkt direkt auf die Risikobereitschaft.

Finanzplanung ist deshalb kein einmaliger Akt, der einen Zeitpunkt betrachtet, sondern ein Prozess, der das ganze Leben begleitet. Portfolios lassen sich so gestalten, dass sie zur eigenen Persönlichkeit passen. Durch die Verteilung von schwankungsarmen und schwankungsreichen Anlageklassen entsteht eine Vermögensstruktur, die sich mit den Jahren weiterentwickeln kann – so wie man selbst.

Genau das macht den Unterschied. Wer weiß, dass sein Portfolio zur eigenen Risikotragfähigkeit passt, hält turbulente Marktphasen besser aus, bleibt ruhig, vermeidet Kurzschlussreaktionen – und schützt sich damit vor einem der größten Verlustbringer überhaupt: unkontrollierter Emotionalität.

Erfolg beginnt mit Weitblick, nicht mit kleinteiliger Analyse

Wer an den Finanzmärkten erfolgreich sein will, sollte lieber zum Fernglas als zum Mikroskop greifen. Folgt man der populären Wirtschaftspresse, liest man oft Schlagzeilen, wie: »Zehn Aktien mit 100 Prozent Gewinnchance«, »Die ewigen Gewinner« oder »Kaufe die Dividenden-Weltmeister«. Schnell entsteht der Eindruck, man müsse nur die besten Aktien finden – oder ein paar versteckte Marktanomalien entdecken – und schon sei der Erfolg garantiert.

Als ließe sich durch akribische Tiefenanalyse und ein bisschen Schnelligkeit an der Börse der große Wurf planen. Schön wär's. Wer als Privatanleger aktiv ist, sollte zuerst akzeptieren, dass er keinen Informationsvorsprung haben kann – und auch keinen braucht. Wichtiger ist zu verstehen, wo man eigentlich hinmöchte. Welche Rolle Geld im eigenen Leben spielt. Und welche Haltung man dazu hat.

Hier hilft kein Mikroskop, sondern ein Fernglas. Es steht sinnbildlich für Weitblick – für eine Lebensvision, die größer ist als die nächste Aktie oder der nächste Markttrend. Genau dafür braucht es eine klare Finanz- und Lebensplanung – bevor überhaupt über Produkte oder einzelne Aktien entschieden wird.

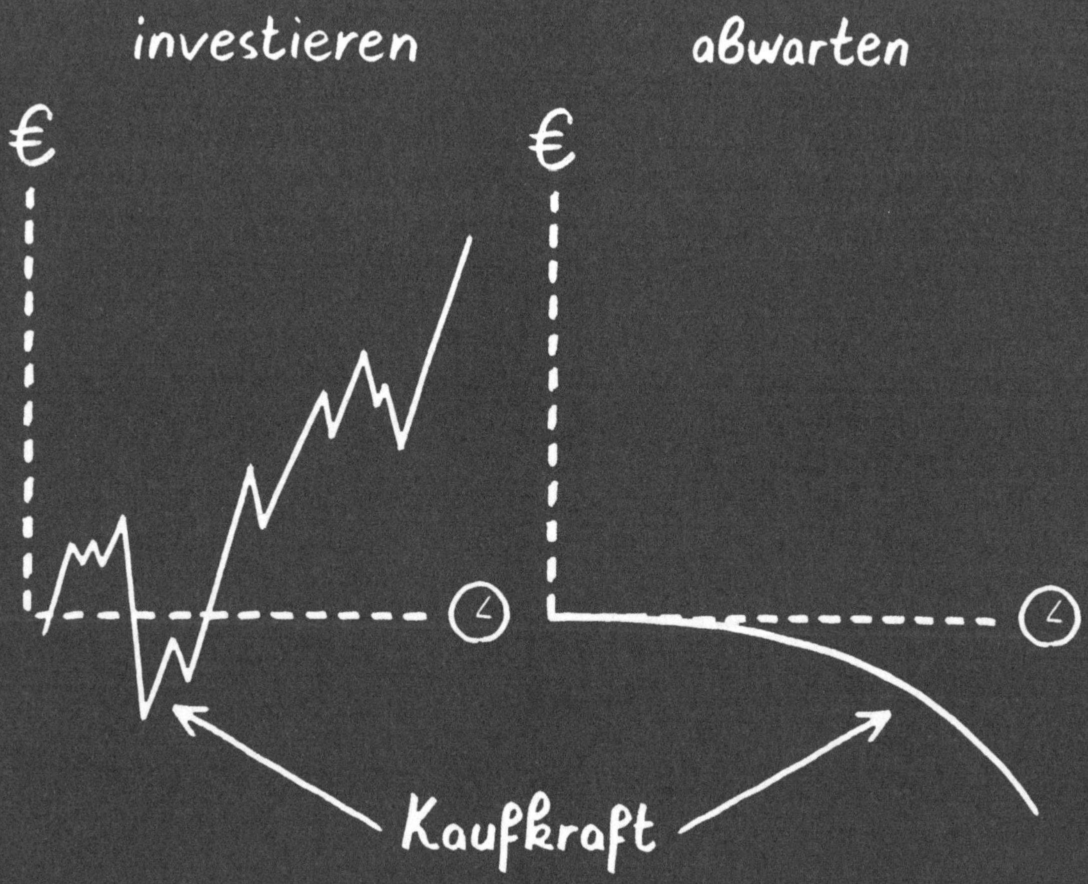
investieren
abwarten
€
€
Kaufkraft

Der stille Verlust

> Der Zinseszinseffekt ist der beste
> Freund des Anlegers –
> die Inflation seine größte Feindin.

Zurzeit leben wir in einer Welt mit niedrigen Zinsen – bei gleichzeitig höherer Inflation. Das heißt: Unser Geld verliert an Kaufkraft, auch wenn der Kontostand sich nicht verändert.

Ein einfaches Beispiel zeigt die Wucht: Bleibt die Inflation fünf Jahre lang bei 5 Prozent, sinkt die Kaufkraft von 100 000 Euro auf etwa 78 500 Euro. Nach zehn Jahren bleiben rund 61 000, nach 20 Jahren nur noch 37 000 Euro.

Das Problem: Der Verlust passiert leise. Kein rotes Warnsignal, keine Nachricht von der Bank – nur schleichende Entwertung.

Was also tun?

Abwarten ist keine Strategie und erst recht keine Lösung. Wer den Erhalt seines Vermögens sichern will, muss handeln und in die Umsetzung kommen. In einer Nullzinswelt funktioniert Kapitalerhalt nicht mehr über klassische Zinsanlagen. Wer reale Werte bewahren will, muss investieren, die Schwankungen aushalten und die eigene Geldanlage klar an den eigenen Zielen ausrichten.

Scheinbare Sicherheit hilft nicht weiter. Produkte mit Garantien mögen sich beruhigend anfühlen, doch sie sichern in der Regel nur den Nominalwert, nicht die Kaufkraft. Effizienz entsteht dort, wo Kapital arbeitet, nicht dort, wo es stillliegt.

Die perfekte Welle kann man nicht erzwingen

Surfer wissen: Sie können nicht entscheiden, wann die perfekte Welle kommt. Strömungen, Winde, tektonische Kräfte – alles wirkt superkomplex zusammen. Niemand kann den Moment berechnen.

Was sie aber können: sich vorbereiten. Das richtige Revier wählen. Trainieren. Das Board bereithalten – und warten, bis die Welle endlich kommt. Mit Kapitalmärkten ist es im übertragenen Sinn ähnlich. Auch hier lässt sich kein perfekter Moment planen. Wie das Klima, die Strömungen und Meereswellen lassen sich Marktentwicklungen nicht vorhersehen.

Aufwärtsbewegungen entstehen aus unzähligen Einflüssen, die niemand kontrollieren kann. Aber Anleger können und sollten sich wie ein Wellenreiter vorbereiten: ein robust aufgestelltes Portfolio, klare Regeln, Disziplin – und die Gelassenheit, geduldig durchzuhalten, wenn das Wasser zu unruhig ist oder eine Flaute länger dauert als erwartet.

Dann zählt nur eines: im Markt bleiben, denn die nächste Welle kommt ganz sicher, weil sie kommen muss, genau wie in der Natur. Man muss nur vorbereitet und im Wasser sein, wenn sie kommt, um sie surfen zu können. Ist man es nicht, verpasst man – wieder einmal – den richtigen Zeitpunkt.

12
9
3
6

Zeit: Freund und Feind des Investors

Ein Akademiker in Deutschland wird im Schnitt (m/w) derzeit 85 Jahre alt. Von all diesen Lebensjahren werden rund 35 Jahre in Ausbildung und Berufseinstieg investiert – Jahre, in denen meist wenig Geld für Vermögensaufbau bleibt. Mit 66 beginnt derzeit der gesetzliche Ruhestand im Durchschnitt, und dann wird das Ersparte langsam wieder aufgezehrt. Realistisch bleiben dem durchschnittlichen Anleger etwa 30 Jahre, um Kapital für den Ruhestand aufzubauen.

Was in diesen 30 Jahren möglich ist, zeigt eine einfache Rechnung: Wer monatlich 1 200 Euro in den globalen Aktienmarkt investiert und im Schnitt 7 Prozent Rendite erzielt, landet bei rund 1,52 Millionen Euro. Wer dagegen erst zehn Jahre später anfängt, muss rund 3 100 Euro im Monat aufbringen, um dasselbe Ziel zu erreichen.

Der Unterschied hat nur eine Ursache: Zeit. Sie entscheidet, ob Dividenden und Gewinne genug Gelegenheit haben, für den Anleger zu arbeiten. Denn der Zinseszinseffekt entfaltet seine Kraft nur über Jahre. Was anfangs unscheinbar wirkt, wächst später exponentiell. Albert Einstein nannte den Zinseszins das »achte Weltwunder« – und er hatte recht.

Zeit wirkt doppelt: Sie vermehrt Kapital, und sie schafft Gelassenheit. Wer langfristig investiert, kann Schwankungen aushalten, statt hektisch zu reagieren, wenn die Kurse fallen. Ein schlechtes Jahr verliert seinen Schrecken, wenn noch Jahrzehnte vor einem liegen. Und je länger der Anlagehorizont, desto breiter lässt sich das Vermögen streuen – über Märkte, Branchen, Regionen.

Zeit ist damit nicht nur Kapital, sondern auch ein entscheidender Hebel im Vermögensaufbau. Wer sie nutzt, hat die beste Partnerin an seiner Seite. Genau aus diesem Grund ist eine frühe Finanzbildung so wichtig, damit jeder die Chance bekommt, Zeit und Zinseszinseffekt für sich zu nutzen.

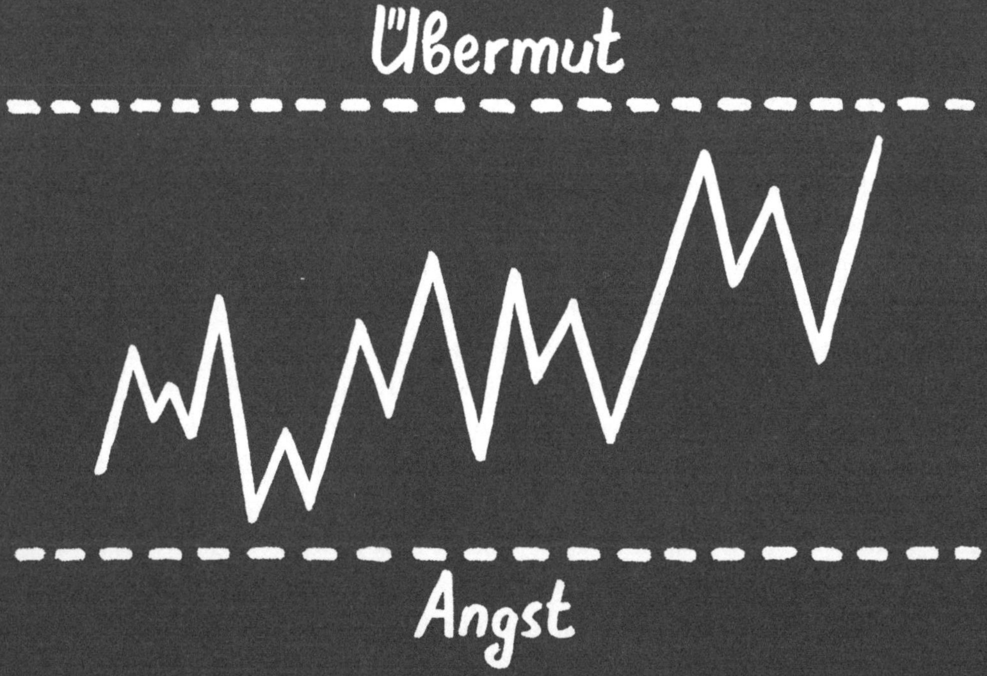
Übermut
Angst

Zwischen Übermut und Angst liegt Disziplin

An den Kapitalmärkten wechseln sich zwei menschliche Emotionen ab: Übermut und Angst. In der Euphorie steigen Anleger ein, wenn die Kurse längst hoch sind. In der Panik steigen sie aus, wenn die Verluste schon da sind. Beides sind Extreme – und beide führen selten zu guten Ergebnissen.

Zwischen diesen Polen liegt der Bereich, in dem die besten Entscheidungen entstehen: ruhig, überlegt, ohne Hast. Dort läuft alles nach Plan. Die Kapitalmärkte schwanken. Das ist ihr Wesen. Wer diese Schwankungen akzeptiert und nicht auf jede Bewegung reagiert, bleibt handlungsfähig – und profitiert über Zeit von der Entwicklung der Weltwirtschaft.

Erfolg entsteht nicht durch Aktion, sondern durch Strategie, Planung und Haltung.

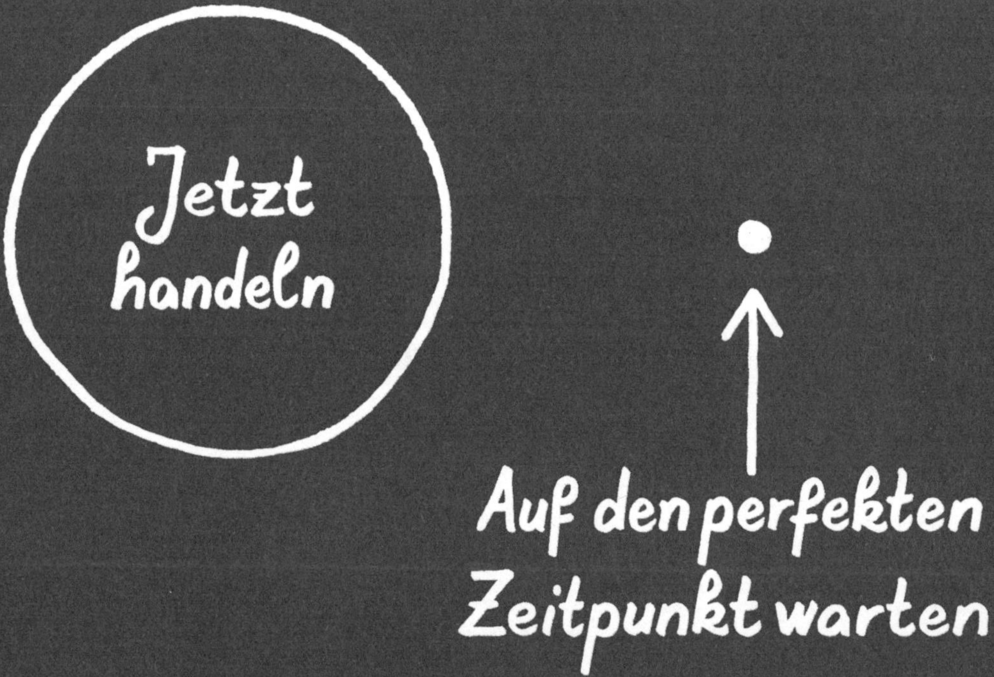
Jetzt handeln
Auf den perfekten Zeitpunkt warten

Der beste Zeitpunkt zum Investieren: jetzt

Der perfekte Zeitpunkt ist eine Illusion. Viele potenzielle Anleger warten auf den richtigen Moment. Auf die nächste Marktkorrektur, auf bessere Kurse, auf ruhigere Zeiten. Doch die Wahrheit ist: Den perfekten Zeitpunkt gibt es nicht.

Märkte sind nie eindeutig. Immer gibt es Gründe, zu zögern – und genauso viele, um zu handeln. Wer wartet, bis alle Unsicherheiten verschwunden sind, verpasst den Einstieg. Langfristiger Anlageerfolg hängt nicht vom Timing ab, sondern schlicht vom Dranbleiben.

Wichtiger als »wann« ist »wie« – mit klarer Struktur, realistischen Zielen und einem Plan, der auch Schwankungen aushält. Deshalb ist der beste Zeitpunkt zum Investieren immer: jetzt.

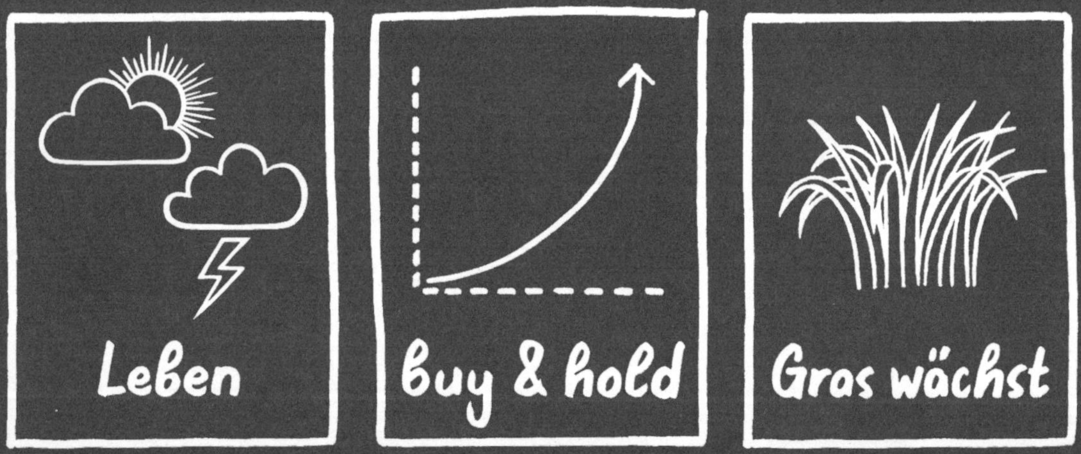
Leben
buy & hold
Gras wächst

Buy-and-Hold: weil das Leben schon aufregend genug ist

In einer Welt, die sich ständig verändert, müssen Anleger Entscheidungen treffen, die oft über Jahrzehnte wirken – 20, 30, manchmal 40 Jahre. Doch wer kann heute sagen, wie diese Zukunft aussieht? Niemand weiß, wie wir in 20 Jahren leben, arbeiten, uns fortbewegen oder essen werden.

Bemerkenswert ist: Wer heute, also jetzt, von Kapitalerträgen lebt, musste ja seine Anlageentscheidungen schon vor vielen Jahren oder Jahrzehnten treffen – damals ebenfalls in einer unsicheren Welt, voller Unwägbarkeiten und Krisen.

Das zeigt: Erfolg an den Märkten hängt nicht von Vorhersagen ab, sondern vom Verstehen.

Wissenschaftlich fundiertes Investieren stützt sich nicht auf Zukunftsprognosen, sondern auf Regeln und Prinzipien: breite Streuung, Disziplin, Orientierung an der eigenen Risikotragfähigkeit und an den Entnahmezielen. So bleibt man handlungsfähig, auch wenn sich die Welt ändert.

Schwankungen gehören einfach dazu – sie sind kein Störsignal, sondern Teil des immer Informationen, Entwicklungen, Veränderungen und Ereignisse verarbeitenden Systems. Und wer investiert bleibt, erntet die Früchte dieser permanenten Transformationsleistungen des Kapitalismus über die Zeit.

Und mal ehrlich: Das Leben bietet genug Spannung. Das Depot muss keine zusätzliche liefern.

Wer sich selbst kennt, investiert besser

Die Frage »Wer bin ich?« spielt in der Finanzplanung eine entscheidende Rolle. Sie ist der Ausgangspunkt für bewusste, stimmige Entscheidungen.

Unsere Persönlichkeit, unsere Erfahrungen, unsere Haltung und Werte prägen, wie wir mit Geld umgehen – und welche Ziele wir verfolgen. Wer sich selbst kennt, kann seine eigene Risikobereitschaft besser einschätzen und Entscheidungen treffen, die zu den eigenen Lebenszielen passen.

Ein Blick zurück hilft dabei. Wer seine eigene Finanzgeschichte versteht – mit all ihren guten und schlechten Erfahrungen –, kann daraus lernen und künftig klüger handeln.

Selbstreflexion stärkt außerdem die emotionale Intelligenz im Umgang mit Geld. Sie schützt davor, impulsiv zu reagieren oder sich von Trends und fremden Meinungen leiten zu lassen. Am Ende führt das zu etwas sehr Bodenständigem: einer Finanzplanung, die wirklich zu einem selbst passt – authentisch, ganzheitlich und langfristig tragfähig.

TEIL 2

WIE WISSEN RENDITE SCHAFFT

Was wir von der wissenschaftlichen Kapitalmarktforschung lernen können

An den Märkten kursieren unzählige Meinungen. Die wenigsten davon halten dem Test der Zeit stand. Wer investiert, braucht keine hellseherischen Fähigkeiten, kein »Händchen«, sondern Prinzipien, die aus der Forschung abgeleitet sind und sich über sehr lange Zeiträume bewährt haben.

Dieses Kapitel zeigt, was Forschung und Erfahrung gemeinsam haben: dass Regeln, Disziplin und breite Streuung auf Dauer mehr bewirken als jede Prognose.

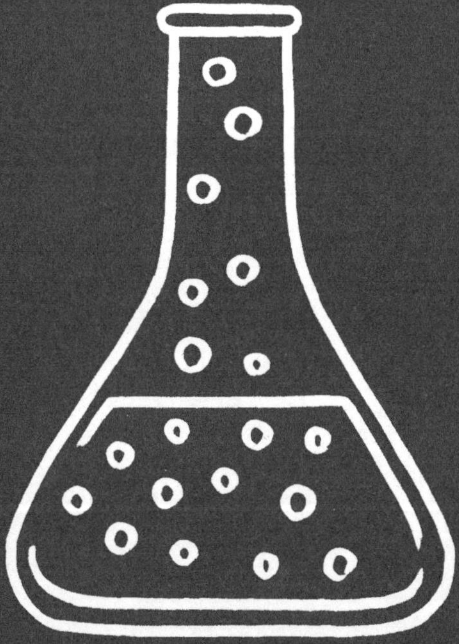

Anlegen mit System statt Gefühl

Wissenschaft begleitet uns in fast allen Lebensbereichen – von der Medizin bis zur Technologie. Warum also nicht auch bei der Geldanlage? Evidenzbasiertes Investieren, also auf Forschung und Fakten gestütztes Anlegen, bietet viele Vorteile. Nur: Die meisten Anleger beachten sie kaum.

Die Verhaltensökonomie zeigt zum Beispiel, wie stark unsere Emotionen Anlageentscheidungen beeinflussen. Märkte schwanken, weil sie laufend neue Informationen verarbeiten – und weil Menschen mit Angst oder Gier reagieren. Mit einem evidenzbasierten Ansatz trennen wir Gefühl von Entscheidung. Wir orientieren uns an Daten, die über Jahrzehnte gesammelt und wissenschaftlich überprüft wurden. Das senkt Risiken und erhöht die Chancen auf stabile Wertzuwächse.

Evidenzbasiertes Investieren folgt einem klaren, regelbasierten Prinzip – ohne Prognosen, ohne Bauchgefühl. Statt auf Einzeltipps oder Fondsmeinungen zu setzen, nutzt man Strategien, die weltweit seit Jahrzehnten funktionieren. Sie gewichten bestimmte Unternehmensmerkmale stärker: etwa Größe, Bewertung oder Profitabilität.

Dieser Ansatz basiert auf umfangreicher Forschung vieler Universitäten und hat einen praktischen Vorteil: Er lässt sich an die Lebensphase und das individuelle Risikoprofil anpassen. Neue wissenschaftliche Erkenntnisse können jederzeit integriert werden – das hält ein Portfolio anpassungsfähig, robust und macht es dadurch zeitlos.

Was will man mehr?

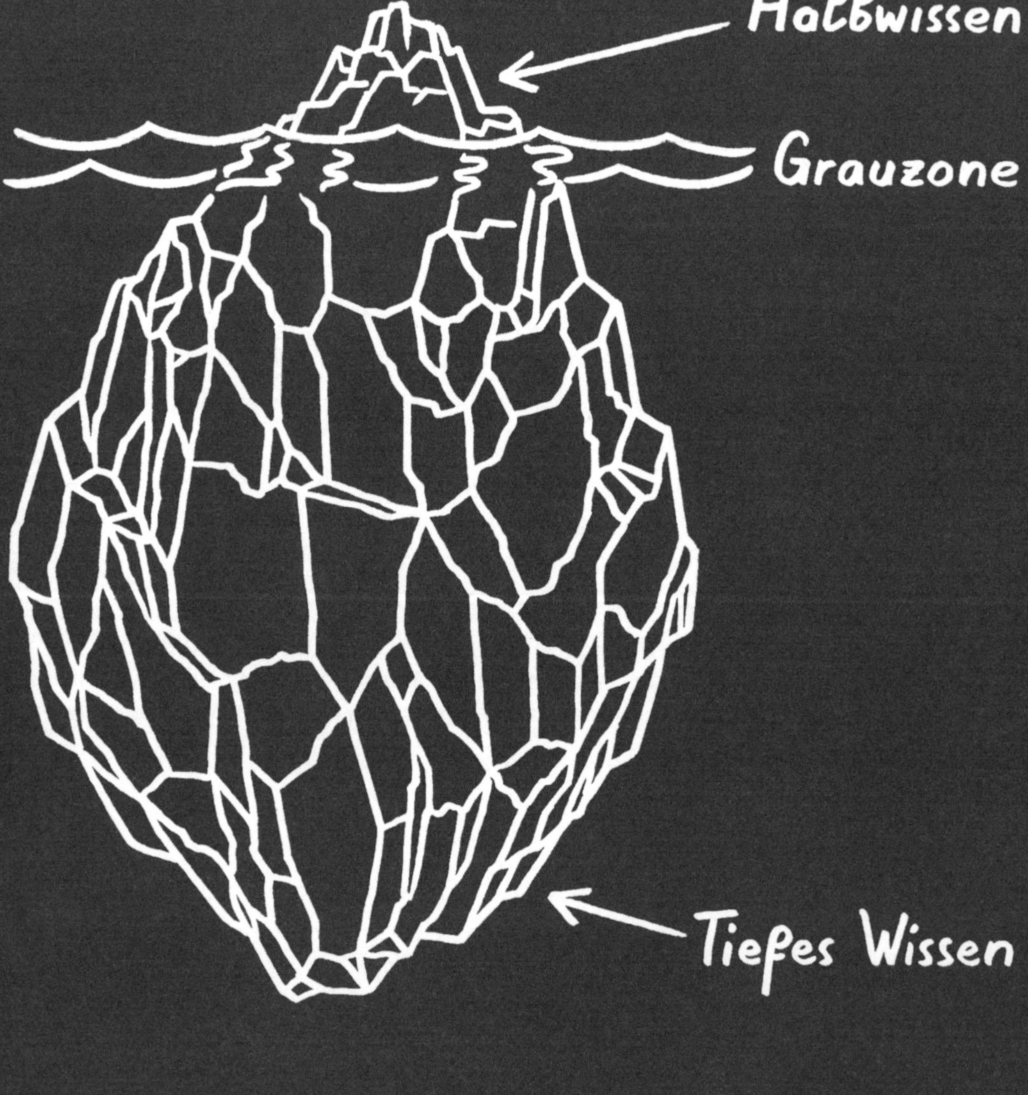
Halbwissen
Grauzone
Tiefes Wissen

Warum Wissen tiefer reicht als Meinung

An den Kapitalmärkten ist Halbwissen weitverbreitet. Jeder hat eine Meinung – zu Zinsen, Aktien, Entwicklungen, Krisen, Zukunft. Doch die sichtbare Spitze des Wissens ist klein. Sie besteht aus Schlagzeilen, Stimmungen und vermeintlichen Erklärungen. Darunter liegt die eigentliche Tiefe: Jahrzehnte an Forschung, Daten, Modellen, Erkenntnissen über Risiko, Rendite und Verhalten. Wer nur an der Oberfläche bleibt, reagiert auf Geräusche. Wer tiefer denkt, versteht Strukturen.

Evidenzbasiertes Investieren baut genau auf dieser Tiefe auf. Es stützt sich nicht auf Meinungen, sondern auf belegbare Zusammenhänge. Es nimmt die Komplexität ernst – und nutzt sie, statt sich von ihr einschüchtern zu lassen.

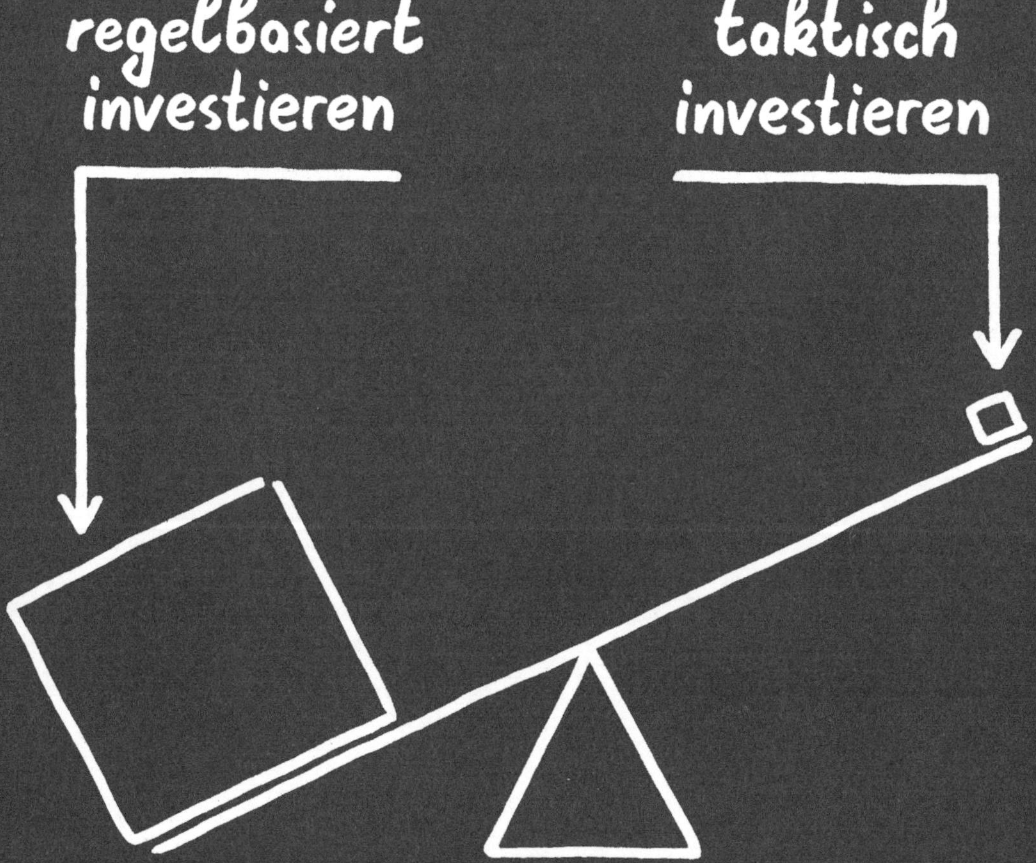
regelbasiert investieren
taktisch investieren

Laut ist leicht – klug ist leise

Coronapandemie, Klimakrise, demografischer Wandel – wir leben in einer Zeit voller komplexer Herausforderungen. Lösungen entstehen dort, wo Wissenschaft ernst genommen wird. Merkwürdig ist nur: Ausgerechnet bei der Geldanlage werden ihre Erkenntnisse oft ignoriert.

Viele Anleger, gerade bei Neobrokern, glauben, aufgewiegelt von Finfluencern, es gehe darum, die »Gewinneraktien« zu finden, den perfekten Einstiegs- oder Ausstiegszeitpunkt zu erwischen und auf Tipps aus Blogs oder Podcasts zu setzen.

Vergangener Erfolg wird dann gern als Beweis für künftigen gesehen. Doch genau das widerlegt die Forschung seit Jahrzehnten. Die Erkenntnisse sind eindeutig. Prognosen funktionieren nicht. Market Timing funktioniert nicht. Vergangene Kursverläufe sagen nichts über die Zukunft aus. Selbst aktives Fondsmanagement schafft es auf Dauer nicht, den Markt zu schlagen.

Was aber funktioniert, wurde in vielen wissenschaftlichen Studien belegt. Aktien sind weltweit die rentabelste Anlageklasse. Wer Kosten niedrig hält, breit streut und einzelne Unternehmen nicht übergewichtet, trägt Schwankungen – aber kein unnötiges Risiko. Kurzfristiges »Rein-und-Raus« ist Spekulation. Langfristiges Investieren dagegen führt zu stabilen Erfolgen. Disziplin und regelmäßiges Rebalancing halten das Portfolio in dem Korridor, der zu den eigenen Zielen passt.

Am Ende bleibt die Quintessenz: Meinung und Bauchgefühl sind laut – die Wissenschaft ist leise, aber verlässlich. An den Märkten gewinnt nicht, wer am lautesten ist, sondern wer auf Fakten und Erkenntnisse setzt.

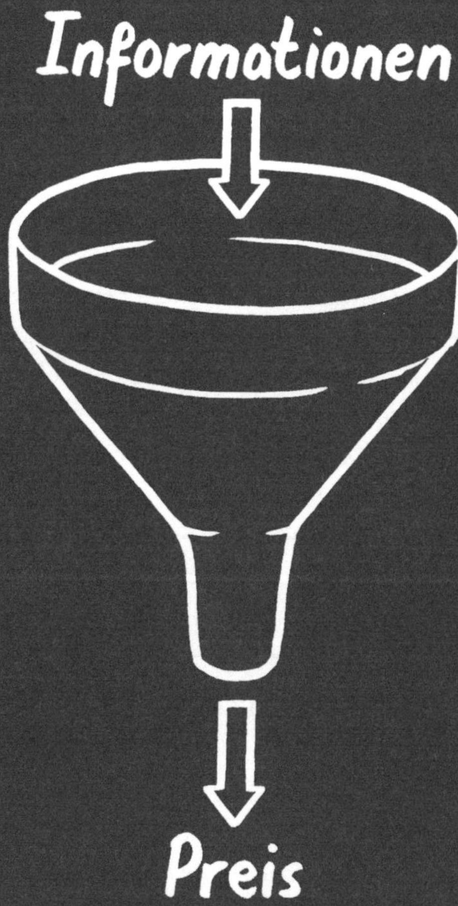
Informationen
Preis

Die Börse weiß mehr, als wir glauben

An den Kapitalmärkten treffen jeden Tag unzählige Informationen aufeinander. Nachrichten, Zahlen, Gerüchte, Hoffnungen – alles wird in Sekunden verarbeitet, rund um den Globus.

Jeder Kauf, jeder Verkauf ist im Grunde eine kleine Abstimmung mit Füßen darüber, was etwas gerade wert ist. Und aus all diesen Signalen entsteht – wie durch einen Trichter – ein Preis.

Nicht perfekt, aber immer das Ergebnis des gebündelten Wissens von Millionen Menschen. Niemand weiß mehr als der Markt. Kein Fondsmanager, kein Algorithmus, kein Experte. Denn alle verfügbaren Informationen sind längst im Preis enthalten. Nur das, was neu und überraschend ist, bewegt ihn.

Die Börse ist also kein Orakel, sondern ein System, das alle Informationen zu Preisen verdichtet. Mal laut, mal leise. Manchmal irrational, aber erstaunlich effizient. Und genau deshalb funktioniert sie so gut – weil sie all das aufnimmt, was wir wissen, glauben, fürchten oder erwarten. Und am Ende daraus schlicht einen Preis macht. Das ist die Stärke der Marktwirtschaft.

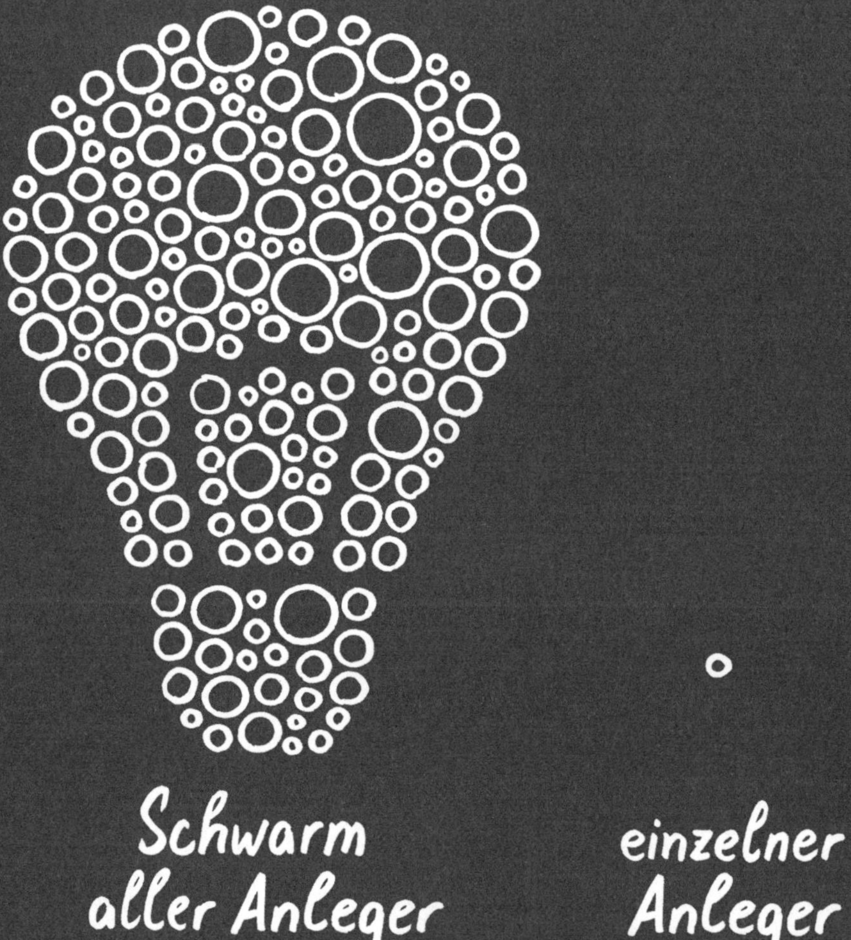
Schwarm aller Anleger
einzelner Anleger

Die Kraft der Schwarmintelligenz: Warum der Markt klüger ist als der Einzelne

Die Finanzmärkte sind ein faszinierendes System. Millionen Menschen treffen jeden Tag Entscheidungen – kaufen, verkaufen, halten – in der Hoffnung oder Erwartung, ihr Vermögen zu schützen oder zu vermehren. Was dabei oft übersehen wird: In Summe ist dieser Schwarm an Entscheidungen regelmäßig klüger als der Einzelne, der auf Entwicklungen wettet. Nicht, weil jeder im Schwarm weiß, was er tut, sondern weil sich Informationen, Erwartungen und Fehler gegenseitig ausgleichen. Das nennt man Schwarmintelligenz.

Die Forschung zeigt: Die kollektive Einschätzung vieler Marktteilnehmer ist genauer als die Vorhersagen von Experten oder Fondsmanagern. Denn der Markt bündelt alles – Wissen, Zweifel, Hoffnung, Angst – und verwandelt es über die Börsenplätze dieser Welt in Preise.

Ein einzelner Anleger kann das nicht überblicken. Trotzdem überschätzen viele ihre Fähigkeiten. Sie glauben, sie könnten besser einschätzen, wann beispielsweise der richtige Moment zum Ein- oder Ausstieg ist oder welche sonstigen Fehlbepreisungen es an den Märkten gibt. Diese Selbstsicherheit – Overconfidence – ist einer der häufigsten Anlagefehler überhaupt. Demut vor dem Wissen des Marktes ist kein Zeichen von Schwäche, sondern von Verstand.

Wer anerkennt, dass der Markt mehr weiß als er selbst, trifft bessere Entscheidungen. Evidenzbasiertes Investieren baut genau darauf: Es nutzt voller Demut die Superkraft der Schwarmintelligenz, statt sie zu bekämpfen – durch breite Streuung und systematisches Vorgehen.

Glaskugel oder Wissenschaft

Evidenz schlägt Spekulation

Die Wahrheit zeigt sich durch Evidenz. In fast allen Lebensbereichen vertrauen wir auf wissenschaftliche Erkenntnisse – warum also nicht auch bei der Geldanlage? Im Jahr 1970 formulierte der amerikanische Ökonom Eugene F. Fama die Idee, dass Finanzmärkte langfristig effizient sind. Seine Argumentation: Kein Marktteilnehmer kann allein durch Analyse dauerhaft einen Vorteil gegenüber anderen erzielen. Auf Dauer besser als der Markt zu sein, sei schlicht nicht möglich. Diese Überlegung wurde als Effizienzmarkthypothese bekannt – und war so prägend, dass Fama dafür später den Wirtschaftsnobelpreis erhielt.

Darauf baut die Strategie des passiven, evidenzbasierten Investierens auf. Sie folgt wissenschaftlich gesicherten Prinzipien der Kapitalmarktforschung – und sie gibt Anlegern auch in Krisenzeiten die Ruhe zu wissen: Sie sind richtig investiert.

Die Mehrheit der Finanzindustrie arbeitet anders. Fondsmanager und viele Vermögensverwalter versuchen, durch aktives Investieren bestimmte Wertpapiere zu finden, die besser abschneiden als der Markt – das sogenannte Stockpicking. Dafür suchen sie ständig nach Informationsvorteilen gegenüber allen anderen Marktteilnehmern. Nur wer mehr weiß, kann hoffen, besser zu sein.

Im Grunde suchen sie die berühmte Nadel im Heuhaufen. Und selbst unter Profis gelingt das nur sehr wenigen – und auch die schaffen es selten dauerhaft. Niemand kann garantieren, dass es in Zukunft wieder gelingt. Darum ist es vernünftiger – und günstiger –, den ganzen Markt zu kaufen, statt einzelne Aktien herauszupicken. Dem Markt zu vertrauen heißt nicht, blind zu glauben. Es heißt, auf viele Beweise zu setzen – und auf ein System, das stärker ist als viele einzelne Marktmeinungen.

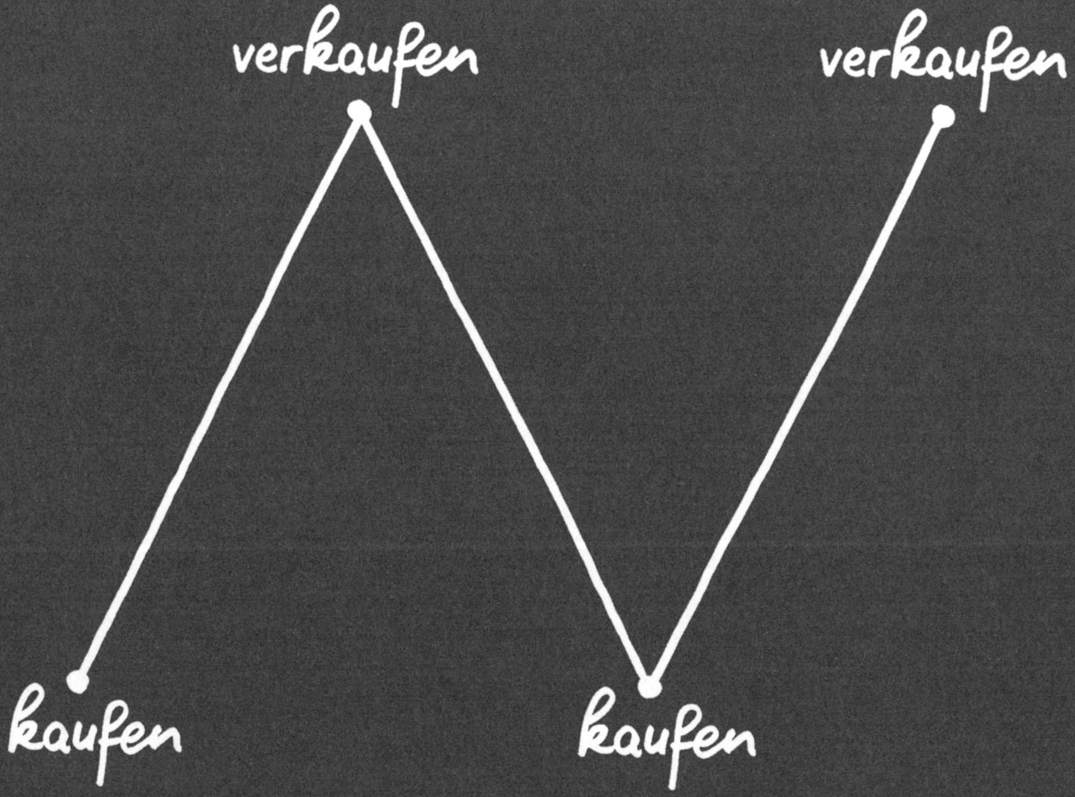
verkaufen
verkaufen
kaufen
kaufen

Funktioniert leider nur in der Theorie: Warum Market Timing immer wieder scheitert

Wer neues Geld investieren will, stellt sich fast automatisch die Frage: »Ist jetzt der richtige Zeitpunkt?« Doch gefühlt passt es nie. Steigen die Kurse, wirkt der Markt überteuert. Sinken sie, fürchten wir, in ein fallendes Messer zu greifen.

Die Forschung ist eindeutig: Marktprognosen funktionieren regelmäßig nicht. Aktienkurse ändern sich nur, wenn neue Informationen auftauchen – und die kennt niemand im Voraus. Börsen verarbeiten Erwartungen, Hoffnungen und Ängste in Echtzeit. Alles Bekannte steckt längst im Preis.

Market Timing ist deshalb nichts anderes als schlichtes Spekulieren. Manchmal geht's gut, meistens nicht. Für den langfristigen Vermögensaufbau ist es eine Wette ohne Systematik.

Die Lehre daraus ist simpel: Der beste Zeitpunkt zum Investieren ist nicht morgen, nicht nach dem nächsten Crash, sondern jetzt. Market Timing scheitert immer, investieren beginnt dagegen jetzt.

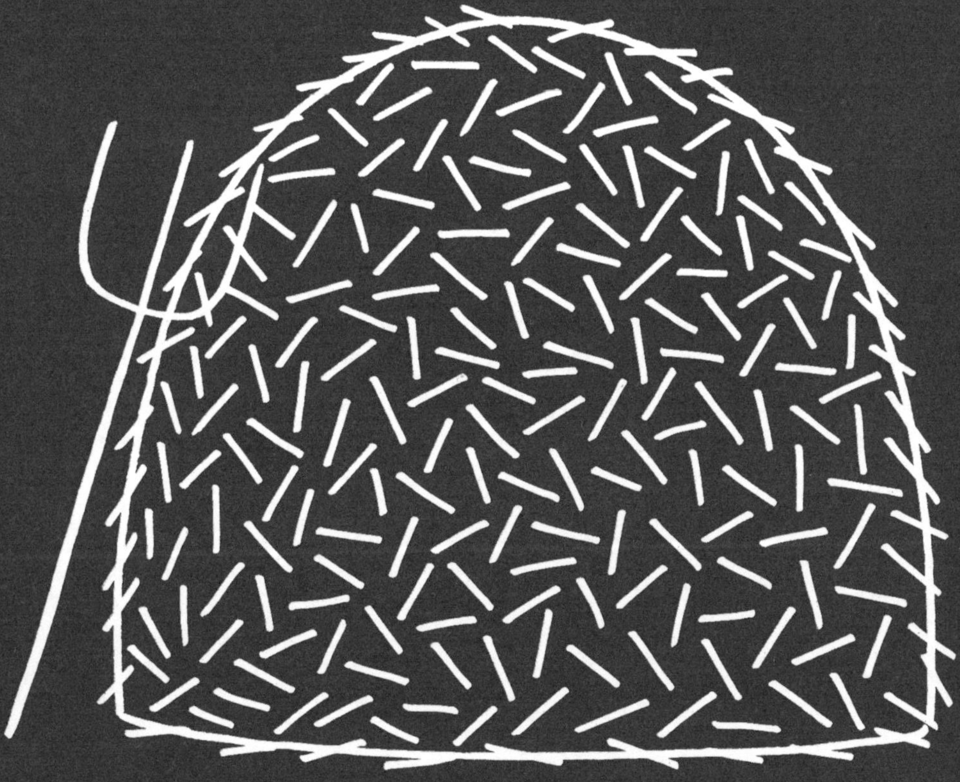

Die Nadel im Heuhaufen zu finden, ist eine Illusion

Aktives Investieren heißt, dass Anleger oder Fondsmanager versuchen, einzelne Wertpapiere zu finden, die besser laufen als der Markt oder unterbewertet sind. Sie suchen nach einem Informationsvorsprung – nach der berühmten Nadel im Heuhaufen.

Das Problem ist nur: Informationen stehen heute allen gleichzeitig zur Verfügung. Preise spiegeln in Echtzeit die Erwartungen von Millionen Marktteilnehmern. Systematisch, also regelmäßig, früher oder klüger zu sein als alle anderen Marktteilnehmer, ist so gut wie unmöglich. Selbst die allermeisten Profis schaffen es nicht, über längere Zeit die Marktrendite zu schlagen. Es gibt zwar jedes Jahr Fondsmanager, die besser sind als der Markt, aber es sind fast jedes Jahr andere.

Passive Anleger setzen deshalb nicht auf einzelne Nadeln, sondern auf den ganzen Heuhaufen. Sie kaufen den Weltmarkt, nehmen alle Unternehmen ins Depot – und verzichten bewusst auf Prognosen. Kurzfristige Schwankungen gehören dazu. Aber langfristig entwickeln sich Märkte immer (!) positiv, weil sie ein Spiegel aller Unternehmen sind. Und die müssen letztlich in einer Marktwirtschaft Gewinne erzielen, sonst gehen sie bankrott und werden durch stärkere Wettbewerber ersetzt.

Darum ist vernünftiger, die ganze Wirtschaft im eigenen Portfolio abzubilden, statt ihr immer wieder ein Schnippchen schlagen zu wollen. Nicht die einzelne Nadel bringt Rendite, sondern der ganze Heuhaufen.

ultrafragil

ultrastabil

Die Welt AG – stabiler als jedes einzelne Unternehmen

Ein großer Index, ich nenne ihn die »Welt AG« ist kein starres Abbild der Vergangenheit, sondern ein lebendiges, adaptives, dynamisches System. Er hat so etwas wie eine eingebaute Selbstreinigungskraft: Unternehmen, die schwächeln oder verschwinden, werden automatisch ersetzt – durch neue, stärkere. Eigentlich ein richtig brutales System. Der S&P-500-Index zeigt das seit etwa 100 Jahren. Kein einziges der ersten Unternehmen im Index ist heute noch darin gelistet.

Und wer heute dazugehört, war vor 50 Jahren oft nicht einmal bekannt. Für Anleger ist das großartig, denn sie müssen nicht selbst entscheiden, wer dazugehört und wer nicht. Sie lassen diese Entscheidung den Markt treffen. Ein Index bleibt immer aktuell. Er sortiert die Schwachen aus und nimmt die Starken auf – ganz automatisch.

Für einzelne Unternehmen dagegen wird die Welt immer unsicherer. Ständige Transformationen, neue Technologien, Disruptionen – niemand weiß, welche Branche in zehn Jahren noch führt. Kommt die Mobilität der Zukunft noch aus Deutschland? Überleben die heutigen Großkonzerne? Oder setzt sich ein Start-up durch, von dem heute noch niemand gehört hat?

Genau deshalb ist es riskant, auf Einzelwerte oder eng gefasste Indizes zu setzen. Ein relativ kleiner Index wie der DAX mit 40 Unternehmen oder der verbreitete MSCI World mit nur rund 1 600 Großkonzernen aus 23 Industrieländern zeigt nur einen Ausschnitt – und bleibt damit fragil.

Stabilität entsteht erst in der Breite. Ein weltweit gestreutes Portfolio, das – je nach Anbieter – bis zu 13 000 Unternehmen abbildet, sammelt die Ertragskraft der gesamten börsennotierten Wirtschaft ein. Ausfälle einzelner Firmen oder Branchen fallen darin kaum ins Gewicht.

Wer also in einen breit gestreuten Indexfonds investiert, beteiligt sich an einem System, das sich stetig selbst erneuert. Verluste einzelner Unternehmen gehen unter – die Stärke der Marktwirtschaft bleibt. Die Welt AG wächst immer weiter.

Modell

Wirklichkeit

Die Welt ist zu komplex für ein Modell

Die Weltwirtschaft ist ein lebendiges, hoch dynamisches System. Wer meint, man könne sie in ein Modell pressen, macht sie kleiner, als sie ist. Modelle vereinfachen – klar –, aber dabei geht oft das Wesentliche verloren.

Analysten und Fondsmanager versuchen seit Jahrzehnten, mit Formeln Entwicklungen vorherzusagen. Doch sie sehen immer nur einen Ausschnitt – und blenden den Rest aus. Mal heißt es, Unternehmen mit Preissetzungsmacht seien profitabler, mal gilt das Gegenteil. Die Wirklichkeit ist zu vielschichtig, um sich in Gleichungen fassen zu lassen.

Die Forschung weiß längst, was funktioniert: Marktpreise enthalten zu jedem Zeitpunkt alle verfügbaren Informationen. Wer glaubt, schlauer zu sein als der Markt, spielt gegen Millionen andere – und verliert meist.

Der klügere Weg ist, sich an der Komplexität zu beteiligen, statt sie zu bekämpfen: breit gestreut, über alle Unternehmen der Welt. So verschwinden die Risiken einzelner Fehleinschätzungen. Man muss nicht wissen, welche Branche, welches Land oder welches Unternehmen das nächste Jahrzehnt dominiert.

Sicher ist: Die Weltwirtschaft schafft, seit es die Marktwirtschaft gibt, regelmäßig Wertzuwächse und neue Markthöchststände oder »All-Time Highs«. Aber nur wer in ihr investiert bleibt, partizipiert daran.

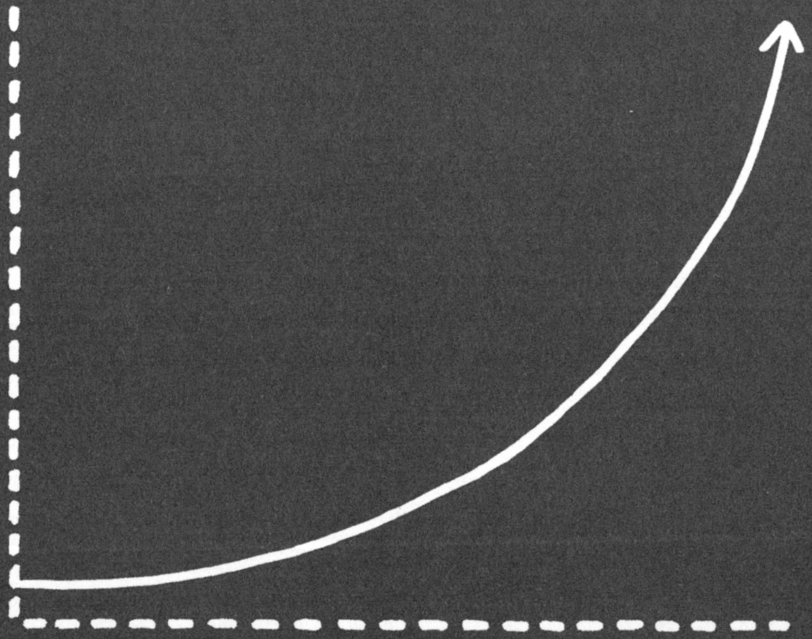

Warum die Kapitalmärkte stärker wachsen als Beton

Indexfonds machen es Anlegern leicht, sich an der gesamten Wirtschaft zu beteiligen. Ihr Vorteil liegt auf der Hand: Wer den Markt kauft, nutzt automatisch die Kraft des langfristigen Wachstums. Ein Beispiel zeigt, was das heißt: Aus 10 Euro, 1980 in den S&P 500 investiert, wären bis Anfang 2023 – ohne Dividenden – rund 365 Euro geworden. Das entspricht knapp 9 Prozent Rendite pro Jahr – oder das 36-Fache des eingesetzten Kapitals. Immobilien in Deutschland legten im selben Zeitraum im Schnitt um etwa 3 Prozent pro Jahr zu, Sparzinsen lagen meist darunter.

Die Lehrmeinung argumentiert hier klar: Breite Aktienanlagen bündeln die Innovations- und Produktivkraft der Weltwirtschaft – und lassen dadurch Kapital über Jahrzehnte exponentiell wachsen.

Nicht Sparbuch oder Betongold schafft Wohlstand, sondern die Wertschöpfung der Wirtschaft selbst. Auch Immobilien hängen letztlich an ihr. Steigen Einkommen, Beschäftigung und Produktivität, steigen meist auch die Preise für Grundstücke und Mieten. In Regionen dagegen, in denen Unternehmen abwandern und Wachstum ausbleibt, sinken oft auch die Immobilienpreise. Am Ende gilt: Die Wirtschaft ist das wichtige Fundament in einer sozialen Marktwirtschaft. Alle anderen Anlageklassen bauen darauf auf.

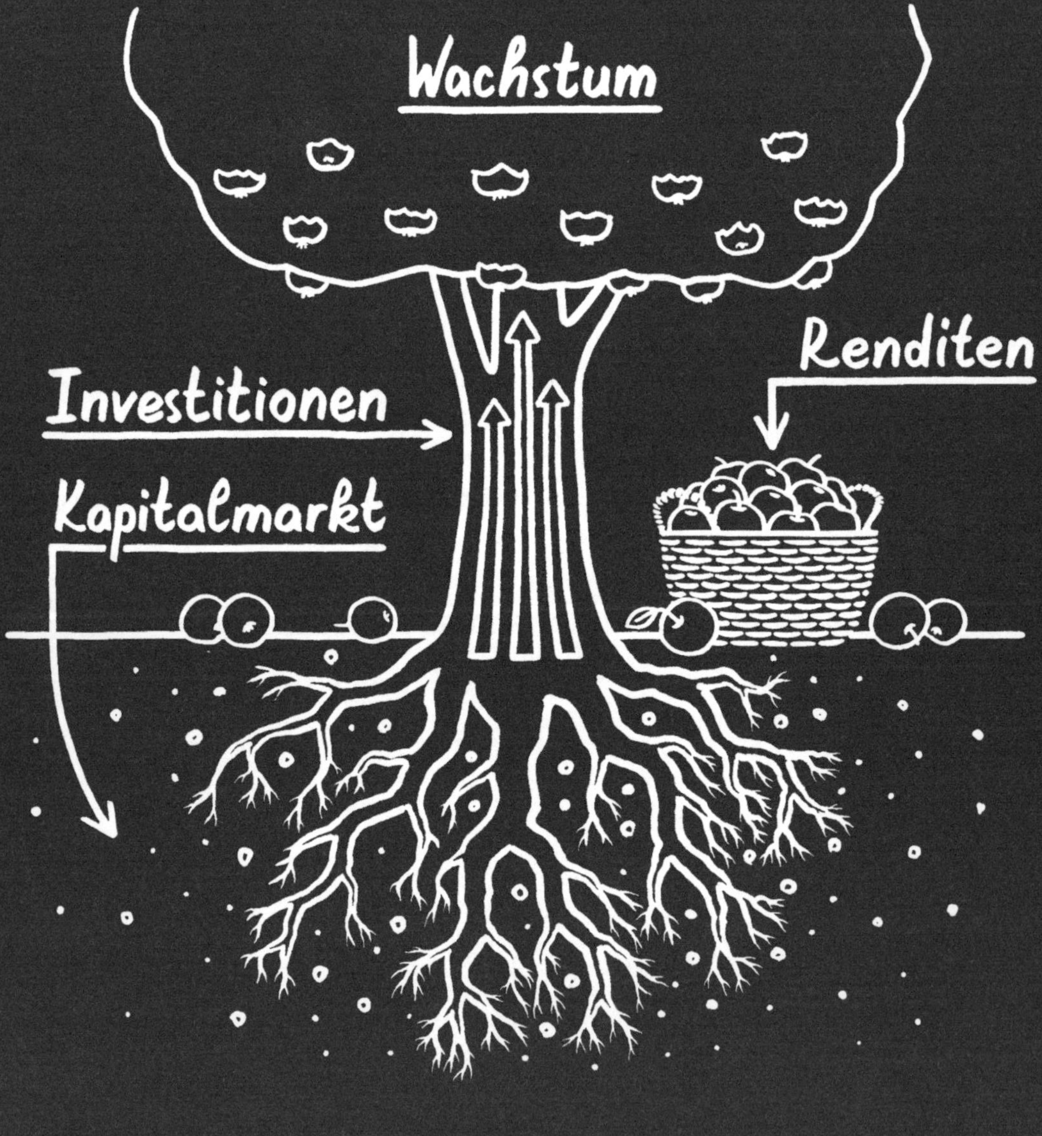
Wachstum
Investitionen
Renditen
Kapitalmarkt

Wirtschaft ist ein Organismus, kein Mechanismus

Wirtschaft lebt. Sie wächst, passt sich an, sucht Licht, bildet neue Äste und Wurzeln. Stillstand kennt sie nicht.

Ihr zugrunde liegt der Kapitalmarkt – wie der Boden, aus dem alles wächst. Über ihn fließt Kapital zu den Unternehmen: Eigenkapital über Aktien, Fremdkapital über Anleihen. So wird der Baum mit Energie versorgt – die Unternehmen und Staaten mit Kapital.

Im Stamm entstehen daraus Investitionen. Unternehmen entwickeln Produkte, schaffen Arbeitsplätze, reagieren auf Veränderungen. Sie wachsen dorthin, wo Chancen liegen.

Oben, in der Krone, zeigt sich das Ergebnis: wirtschaftliches Wachstum. Und aus diesem Wachstum fallen die Früchte – Renditen. Nicht als Geschenk, sondern als Folge eines funktionierenden Systems.

Wer investiert, beteiligt sich also nicht an einem abstrakten Markt, sondern an einem lebendigen Kreislauf aus Kapital, Ideen, Wagnis und Wertschöpfung.

Spekulieren oder investieren?

Spekulieren und Investieren sind zwei grundlegend verschiedene Ansätze. Der Spekulant glaubt zum Beispiel, falsche Preise im Markt zu erkennen. Er geht davon aus, Informationen zu haben, die anderen verborgen bleiben, und wettet auf eine Entwicklung, die eintreten kann – oder eben auch nicht.

Die Forschung zeigt seit Jahrzehnten: Märkte bündeln in Echtzeit das Wissen aller Marktteilnehmer. Jeder Kurs ist das Ergebnis unzähliger Einschätzungen – von Profis, Unternehmen, Anlegern weltweit. Einzelne mögen kurzfristig Glück haben. Aber dauerhaft schlauer als der Markt ist niemand.

Investieren heißt deshalb: den Markt als Ganzes zu akzeptieren. Nicht die Ausnahme zu suchen, sondern das System zu nutzen. Es geht nicht um den schnellen Treffer, sondern um die gesamte Strecke. Und die ist ein Langstreckenlauf, bei dem die breite Marktentwicklung über sehr lange Zeiträume nachgewiesen verlässlich wächst.

Spekulieren ist wie ein Sprint – kurz, aufregend. Man hofft auf den richtigen Moment, den perfekten Einstieg, den schnellen Gewinn. Wer so unterwegs ist, braucht Glück. Und meist bleibt am Ende nur die Erkenntnis, dass man zu früh losgelaufen ist oder zu spät dran war.

Investieren funktioniert anders. Es ist kein Rennen, sondern ein Lauf über Jahrzehnte. Ohne Hektik, ohne ständige Richtungswechsel. Nicht Hoffnung treibt an, sondern Wissen: über Märkte, über Zeit, über Disziplin. Man läuft nicht, um Erster zu werden – man läuft, um anzukommen.

Wer investiert, läuft einfach immer weiter. Schritt für Schritt. Durch Krisen, Aufschwünge Abschwünge und die damit verbundene Nachrichtenlage. Und genau darin liegt das Geheimnis der Rendite: im Dran- und Drinbleiben.

Eigenkapital-
rendite

Fremdkapital-
rendite

Die zwei Quellen der Rendite

Viele Anlegerinnen und Anleger jagen der falschen Rendite hinterher. Sie suchen nach dem schnellen Gewinn, nach Tipps, nach Trends – und übersehen dabei das Grundprinzip: Es gibt im Kern eigentlich nur zwei echte Renditequellen.

Die erste ist die Eigenkapitalrendite (EK-Rendite). Sie entsteht durch unternehmerisches Risiko und Gewinnbeteiligung. Beispiele sind Aktien – über Dividenden und Kurssteigerungen – oder Immobilien, durch Mieteinnahmen und Wertzuwachs.

Die zweite ist die Fremdkapitalrendite (FK-Rendite). Hier stellt der Anleger Kapital als Gläubiger zur Verfügung und erhält dafür eine vertraglich vereinbarte Verzinsung – etwa über Anleihen.

Manchmal wird noch eine dritte Quelle genannt: die Spekulation. Doch sie ist keine echte Quelle, sondern eine Wette auf Preisbewegungen und Prognosen – ein Nullsummenspiel, bei dem das, was der eine gewinnt, ein anderer verliert.

Darum gilt: Wertzuwächse können nur entstehen, wo Kapital produktiv arbeitet – als Eigen- oder Fremdkapital. Alles andere sind meistens Medienlärm, Wetten und Marketing.

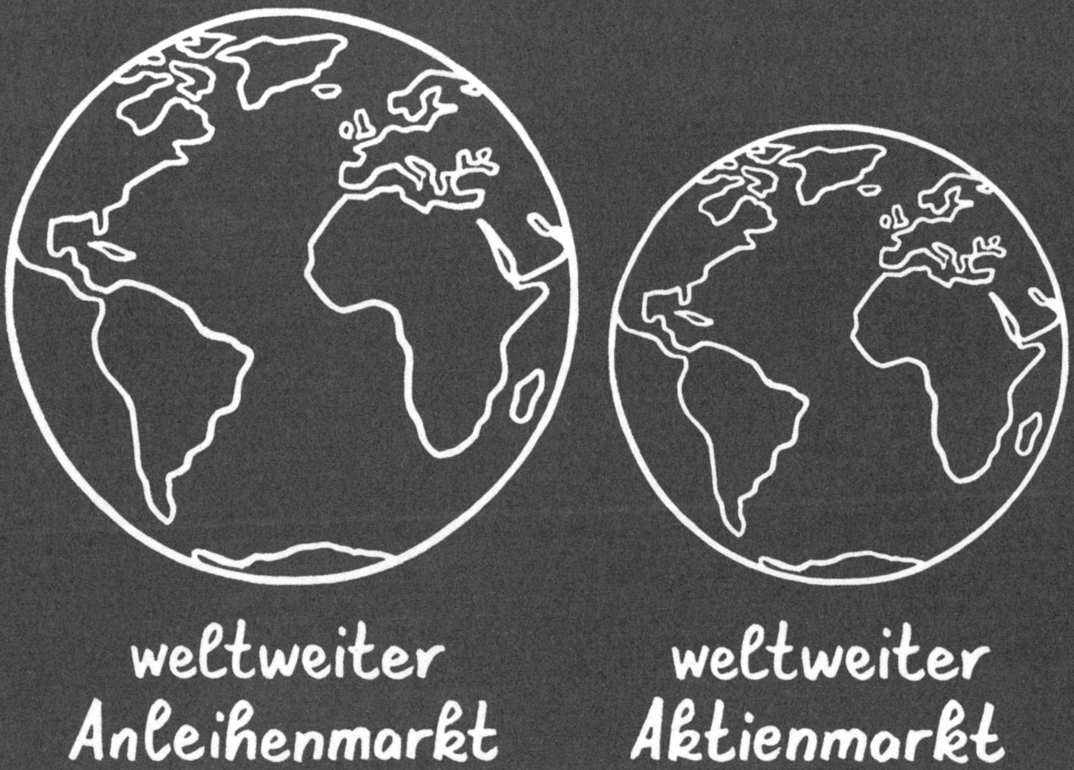
weltweiter Anleihenmarkt
weltweiter Aktienmarkt

Warum Aktien ohne Anleihen unvollständig bleiben

Im öffentlichen Bewusstsein steht meist der Aktienmarkt im Mittelpunkt. Schlagzeilen berichten über Rekorde, Einbrüche und Kursrallys – oft mehrmals am Tag. Kaum Beachtung findet dagegen der größere Bruder: der weltweite Anleihemarkt, der rund ein Drittel umfangreicher ist als der Aktienmarkt. Beide Märkte sind eng miteinander verbunden, erfüllen aber völlig unterschiedliche Aufgaben.

Wer einem Unternehmen Geld leiht – etwa über Anleihen –, wird Gläubiger. Dafür gibt es feste Zinsen, gezahlt unabhängig davon, wie gut das Geschäft läuft. Im Ernstfall stehen Gläubiger ganz vorn, wenn Werte verteilt werden. Das Risiko ist begrenzt – und damit auch der Ertrag. Doch ganz risikofrei sind Anleihen nicht: Steigen die Zinsen, verlieren ältere Papiere an Wert, weil neue Anleihen mehr bieten. Schon ein Zinsanstieg von nur einem Prozentpunkt kann bei fünf Jahren Restlaufzeit rund 5 Prozent Kursverlust bedeuten. Fallen die Zinsen, passiert das Gegenteil. Zinsen bringen Stabilität, aber keine Garantie gegen Schwankungen.

Aktionäre stehen auf der anderen Seite. Sie geben dem Unternehmen kein Darlehen, sie beteiligen sich. Sie tragen das volle Unternehmerrisiko – und stehen im Krisenfall ganz hinten in der Reihe. Doch genau das ist der Preis für höhere Chancen. Denn wer das Risiko trägt, bekommt auf Dauer auch den größeren Anteil am Erfolg. Über viele Jahrzehnte lag die Aktienrendite im Schnitt 2 bis 4 Prozent über der Verzinsung von Anleihen – der Ausgleich für das getragene Risiko.

Für Anleger heißt das: Beide Anlageklassen haben ihre Aufgabe. Anleihen geben Stabilität, Liquidität und planbares Einkommen. Aktien schaffen Wachstum und Teilhabe an der Realwirtschaft. Erst im Zusammenspiel entsteht ein stabiles Portfolio, das Rendite und Sicherheit verbindet.

Wer Kapitalmärkte verstehen will, muss beide Seiten betrachten – Eigenkapital und Fremdkapital. Gemeinsam bilden sie das Fundament unserer globalen Wirtschaft und bieten die Möglichkeit, die Volatilität den eigenen Anlagezielen anzupassen.

Ein gutes Unternehmen ist nicht immer auch eine gute Aktie

Ein Unternehmen kann großartige Produkte herstellen, starke Marken besitzen – und trotzdem keine gute Rendite für seine Aktionäre erzielen. Für Investoren zählt eben nicht nur die Qualität, sondern das Zusammenspiel vieler Faktoren: Wachstum, Stabilität, Wettbewerbsfähigkeit – und nicht zuletzt die Bewertung im Vergleich zu anderen.

Auch das Umfeld spielt mit hinein. Zinsen, Konjunktur, politische Entscheidungen oder globale Krisen können darüber entscheiden, ob eine Investition aufgeht oder nicht. Märkte bewerten keine Vergangenheit, sie bewerten Gewinnerwartungen – und die können sich von heute auf morgen ändern.

Wer heute glaubt zu wissen, welches Unternehmen in 20 Jahren die besten Smartphones oder E-Autos baut, täuscht sich meist. Die Geschichte zeigt: Oft sind es die Außenseiter, die plötzlich dominieren – während frühere Marktführer leise verschwinden.

Die einfache Botschaft: Ein gutes Produktportfolio oder ein aktuell blendend dastehendes Unternehmen sind keine Garantie für zukünftig gute Wertzuwächse. Am Ende zählt die Meinung des Marktes, der immer recht hat. Nicht das Bauchgefühl. Spekulation oder die Entwicklungen der Vergangenheit. Die sind längst eingepreist.

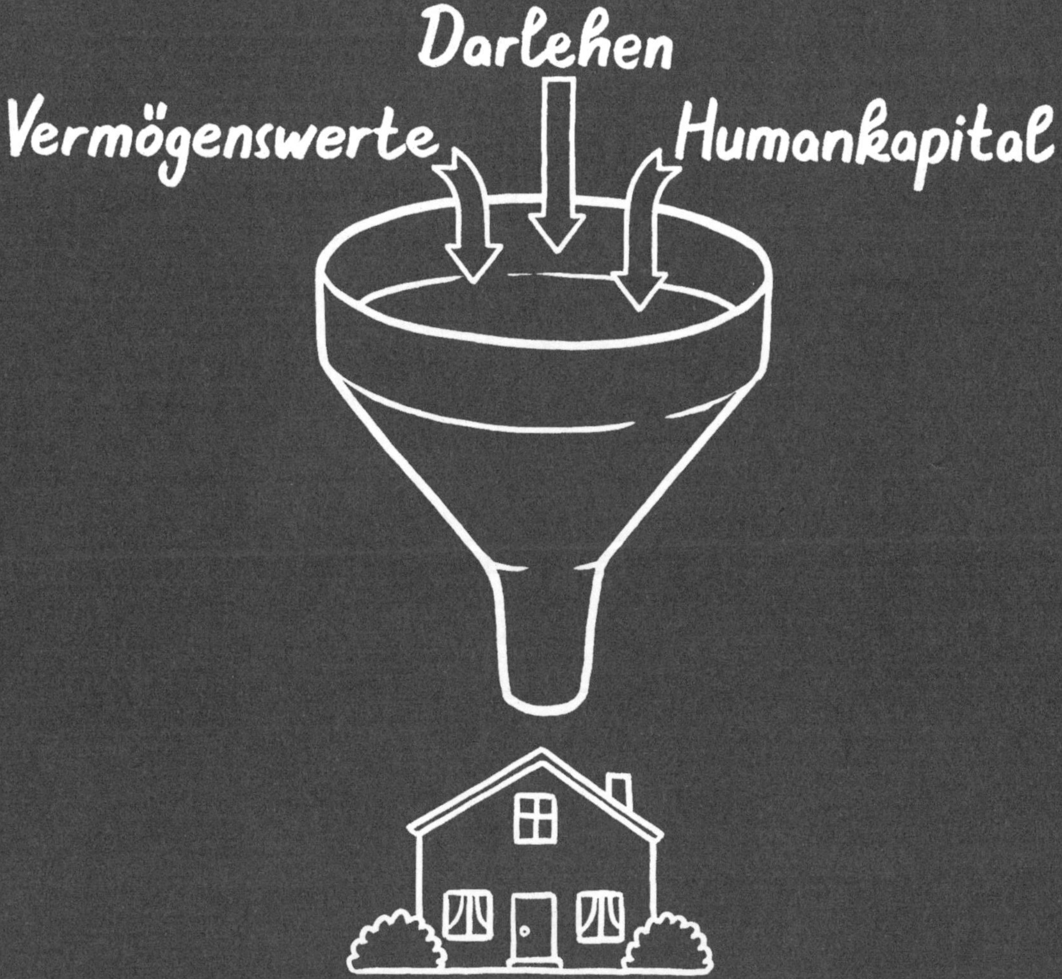
Darlehen
Vermögenswerte
Humankapital

Konzentration ist das Gegenteil von Sicherheit: Haus, Herz, Risiko

»Kaufen oder mieten?« – kaum eine Frage verbindet Emotion und Vernunft so eng. Sie ist Lebensentscheidung und Investition zugleich. Und klar: Wer vom eigenen Zuhause träumt, denkt selten zuerst an Rendite.

Lange schien die Antwort einfach. Die Preise stiegen, die Zinsen fielen – Jahr für Jahr. Kaufen galt als clever, Mieten als zaudern. Doch wissenschaftlich betrachtet, über Zeiträume von Jahrzehnten, stimmt das Mantra »Kaufen ist besser als mieten« nur selten.

Das Problem liegt in der Konzentration. Wer ein großes Vermögen hat, kann sich ein Eigenheim leisten, ohne alles zu binden. 10 oder 20 Prozent des Gesamtvermögens – das ist verkraftbar. Bei kleineren und mittleren Einkommen sieht das anders aus: Oft fließt fast das gesamte Vermögen ins Eigenheim. Eigenkapital, Kredite, Ersparnisse, vielleicht noch eine Schenkung. Am Ende steckt das gesamte Vermögen zwischen Küche, Dachstuhl und Gartenzaun.

Das ist riskant, denn weder unser Leben noch die Immobilienmärkte laufen geradeaus. Scheidung, Krankheit, Jobwechsel, Zinsanstieg oder eine Preiskorrektur können eine vermeintlich sichere Entscheidung schnell ins Wanken bringen. Rechnet man nüchtern – inklusive Kaufnebenkosten, Instandhaltung, Grundsteuer und Zeitaufwand –, schneiden Immobilien langfristig viel schlechter ab als ein globales Wertpapierportfolio. Übertreibungen kehren zum langfristigen Mittelwert zurück. Immer.

Das Eigenheim bleibt trotzdem legitim – als Lebensentscheidung, nicht als Renditeprojekt. Wer eine Eigenheim-Entscheidung bewusst trifft, bildet für Planänderungen Rücklagen: Die Immobilie muss nicht für immer passen. Lebensphasen ändern sich, Kinder ziehen aus, Ansprüche wandeln sich.

Wer alles auf ein Haus setzt, setzt alles auf eine Karte – und verwechselt Konzentration auf Betongold mit Sicherheit.

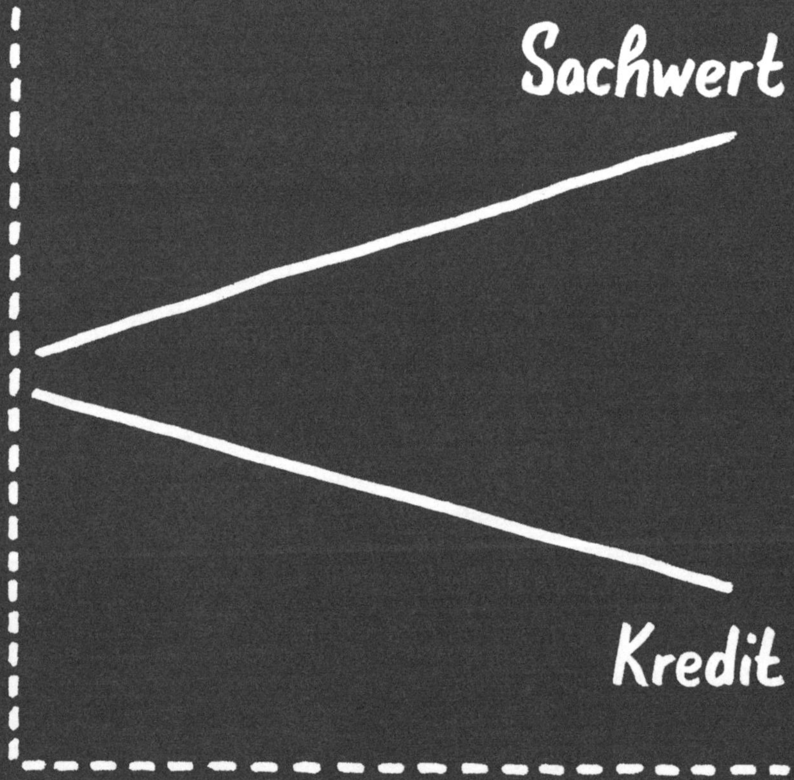
Sachwert
Kredit

Wenn Schulden mit der Inflation schrumpfen

Inflation heißt: Alles wird teurer – nur die reale Schuldenlast sinkt. Wer sich Geld zu festen Zinsen leiht und damit einen Wertspeicher kauft, zum Beispiel eine Immobilie, profitiert von genau diesem Mechanismus. Während das Papiergeld an Kaufkraft verliert, bleibt die Schuld nominal unverändert. Ihr realer Wert sinkt Jahr für Jahr im Tempo der Inflation.

Ein einfaches Beispiel: Ein Kredit über 100 000 Euro, fest verzinst mit 2 Prozent, läuft über zehn Jahre. Liegt die Inflation in dieser Zeit bei 5 Prozent jährlich, ist die Schuld real nach zehn Jahren nur noch etwa 60 000 Euro wert. Der Schuldner zahlt jede Kreditrate mit »wertloserem Geld« zurück.

Dieser Effekt funktioniert aber nur unter zwei Bedingungen: Der Zinssatz muss einerseits fest sein – denn variable Zinsen würden mit der Inflation steigen und den Vorteil wieder auffressen. Andererseits muss ein Sachwert gegenüberstehen – also eine Immobilie oder ein anderes Anlagegut, das seinen Wert hält oder steigert.

Andersherum gilt: Bei Deflation oder sinkenden Sachwertpreisen, zum Beispiel Immobilienpreisen, bleibt die Schuld in voller Höhe bestehen – und die Rechnung geht nach hinten los. Inflation ist der Feind des Sparers – aber der Freund des Schuldners, wenn Zinsen fest und die finanzierten Werte stabil bleiben oder wachsen.

ist schon groß

wächst
vielleicht
noch

Warum klein oft mehr kann

Die Forschung hat mehrere Merkmale identifiziert, die langfristig höhere Renditen bringen als der Gesamtmarkt – also als die Summe aller börsennotierten Unternehmen. Einer dieser Faktoren ist die sogenannte Small-Cap-Prämie: der Renditeaufschlag, den kleinere Unternehmen im Schnitt gegenüber großen erzielen.

Kleinere Firmen sind riskanter – klar. Nicht aus jeder Garagenfirma wird ein neues Apple und nicht aus jedem Labor ein zweites Biontech. Aber gerade weil sie klein sind, haben sie mehr Raum für Wachstum und Expansion.

Die Small-Cap-Prämie bewertet also den Ausgleich für dieses höhere Risiko. Wer in kleinere Unternehmen investiert, kann im Gegenzug mit einer etwas höheren erwarteten Rendite rechnen.

Garantien gibt es natürlich keine. Doch zahlreiche Studien zeigen: Bei breiter Streuung ist dieser Effekt erstaunlich stabil – und das über viele Jahrzehnte hinweg. Die Small-Cap-Prämie ist einer von mehreren Faktoren, die in evidenzbasierten Anlagestrategien eine Rolle spielen.

SONDERANGEBOT

Value – oder: Der Gewinn liegt im Einkauf

Die Value-Prämie ist eines der bestuntersuchten Konzepte der Kapitalmarktforschung. Es beschreibt das Prinzip, in Unternehmen zu investieren, die im Verhältnis zu ihren Gewinnen oder Buchwerten relativ günstig bewertet sind. Kurz gesagt: Man kauft unterbewertete Unternehmen – oder salopp gesagt Schnäppchen.

Belegt ist das durch viele Studien. Die bekanntesten Forscher auf diesem Gebiet sind Eugene F. Fama und Kenneth R. French. Sie zeigten schon in den 1990er-Jahren, dass Aktien von Unternehmen mit niedrigem Kurs-Buchwert-Verhältnis langfristig höhere Renditen erzielen als der Gesamtmarkt.

Ihr sogenanntes Drei-Faktor-Modell – bestehend aus Marktrendite, Unternehmensgröße und der Value-Prämie – ist heute ein Standard in Forschung und Praxis.

Wichtig dabei: Die Value-Prämie tritt nicht regelmäßig auf und lässt sich auch nicht vorhersagen. Mal laufen Value-Aktien besser, mal schlechter. Aber über sehr lange Zeiträume – von 1928 bis 2022 – lag ihr Mehrertrag im Durchschnitt bei über vier Prozentpunkten pro Jahr.

Wann genau diese Prämie wirkt, weiß niemand. Deshalb braucht es Disziplin – »Buy-and-Hold« – und eine Haltung, die nicht auf Prognosen, sondern auf Geduld setzt.

Welt AG

Warum »Kaufen-und-Halten« seit Jahrzehnten funktioniert

Die Weltwirtschaft – also die Summe aller Unternehmen und Dienstleister auf unserem Planeten – hat einen erstaunlich stabilen Antrieb: Milliarden Menschen, die ihren persönlichen Wohlstand verbessern wollen. In Nord- und Südamerika, in Europa, Afrika oder Asien – überall arbeiten Menschen an demselben Ziel: ein besseres Leben.

Dieses Streben nach Wohlstand ist der eigentliche Motor der Weltwirtschaft. Es sorgt dafür, dass ständig neue Produkte entstehen, Dienstleistungen verbessert werden und Unternehmen Gewinne erwirtschaften. Weil die Nachfrage nach Gütern und Lösungen nie versiegt, bleibt die Weltwirtschaft trotz aller Krisen bemerkenswert stabil.

Was wir allerdings nicht wissen: wer, wo und wie diese Produkte in Zukunft herstellen wird. Das lässt sich schlicht nicht prognostizieren. Wir wissen, dass es auch in zehn, fünfzehn oder zwanzig Jahren Nachfrage geben wird – etwa nach Mobilität, Energie oder Kommunikation. Nur wer diese Bedürfnisse befriedigt, ist offen.

Wer als Anleger sein Vermögen auf einzelne Unternehmen, Branchen oder Regionen konzentriert, setzt damit auf Unsicherheit. Gerade in Zeiten, in denen sich vieles schnell verändert, steigt das Risiko, falschzuliegen. Wer dagegen breit und prognosefrei in die »Welt AG« investiert, nutzt die Kraft der Marktwirtschaft. Märkte erzwingen Anpassung: Unternehmen müssen reagieren, effizienter werden, Chancen nutzen, Probleme lösen. Wer das nicht schafft, verschwindet – und wird ersetzt.

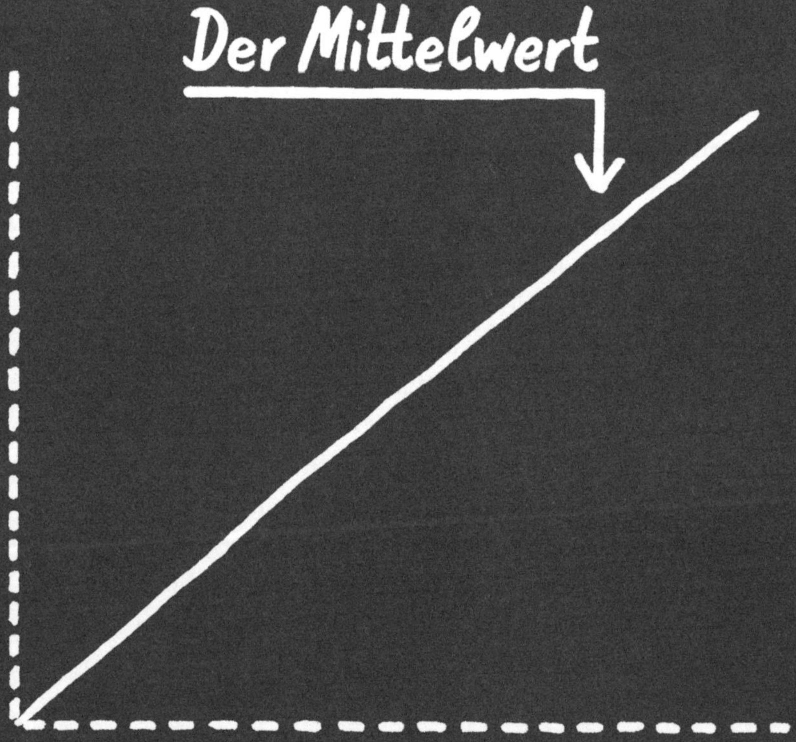
Der Mittelwert

Alles pendelt sich ein

Regression zum Mittelwert – die Rückkehr zur Normalität

Kennen Sie den Begriff »Regression zum Mittelwert«? Wenn nicht, wird es höchste Zeit. Ich arbeite seit über 23 Jahren in der Finanzbranche – und eines habe ich nie erlebt: einen »Normalzustand«. Märkte sind manisch-depressiv. Entweder Euphorie und Gier – oder Krise und Angst. Das Erstaunliche daran: Ganz gleich, wie stark die Ausschläge sind – sie kehren immer wieder zurück. Zum statistischen Mittelwert. Und dieser Mittelwert ist bei Aktien langfristig der rentabelste aller Anlageklassen. Rentabler als Anleihen, Immobilien oder Rohstoffe.

Der Begriff stammt übrigens aus der Biologie. Sir Francis Galton beobachtete, dass Kinder besonders großer Eltern im Durchschnitt wieder etwas kleiner sind – und Kinder besonders kleiner Eltern wieder etwas größer. Auch in der Natur gleichen sich Extreme mit der Zeit aus.

Für Anlegerinnen und Anleger heißt das: Die Regression zum Mittelwert erinnert uns daran, demütig zu bleiben. Nicht abheben in Hochphasen. Nicht verzweifeln in Tiefphasen. Sondern: diszipliniert bleiben. Oder, in der Sprache der Forschung: Kaufen und halten – und die langjährige Durchschnittsrendite einsammeln.

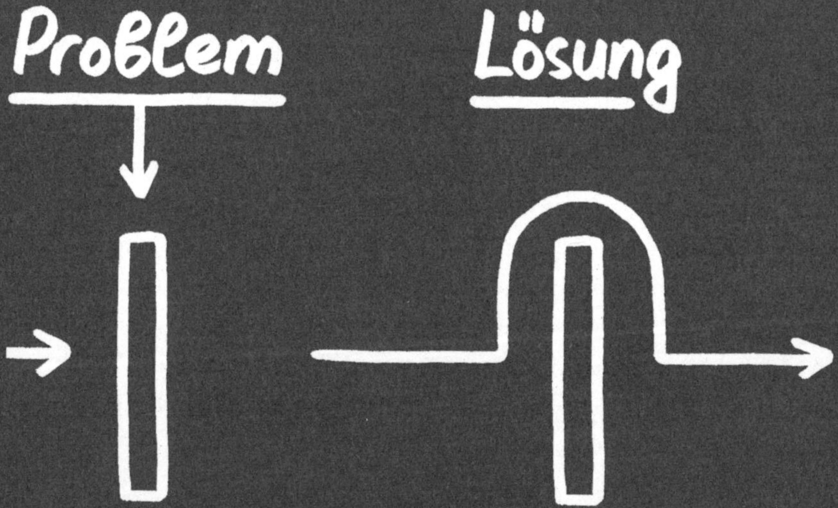
Problem
Lösung

Warum Märkte stark bleiben – auch im Scheitern

»Ich vertraue der privaten Initiative und glaube,
dass sie die stärkste Kraft ist, um aus den jeweiligen
Gegebenheiten den höchsten Effekt herauszuholen.«
– *Ludwig Erhard*

Die Marktwirtschaft lebt von Freiheit und Wettbewerb. Menschen und Unternehmen dürfen eigene Ideen umsetzen – und müssen Lösungen finden. Wer Probleme löst, setzt sich durch. Wer scheitert, verschwindet und macht Platz für Bessere. Dieses System belohnt Mut, Kreativität und Eigenverantwortung. Die größten Fortschritte entstehen selten in zentral gesteuerten Strukturen, sondern dort, wo viele Menschen gleichzeitig ausprobieren, scheitern und neu beginnen. Thomas Alva Edison hat einmal gesagt: »Ich bin nicht gescheitert – ich habe 10 000 Wege entdeckt, die nicht funktioniert haben.« Genau das ist der der Kern der Marktwirtschaft: Fehler sind erlaubt, solange man daraus lernt.

Für Anleger ist das eine gute Nachricht. Wer Unternehmen Kapital gibt – etwa über Aktien –, beteiligt sich direkt an diesem ständigen Lernprozess. Jede Aktie steht für ein Stück Problemlösungskompetenz. Nicht jedes Unternehmen wird überleben, aber die Summe aller hat über Jahrzehnte enorme Wertschöpfung geschaffen.

Ganz anders die Planwirtschaft. Sie ersetzt Wettbewerb durch Kontrolle, Vielfalt durch Einheitslösungen. Wo Politik vorgibt, welche Ideen »erlaubt« sind, bleibt Fortschritt auf der Strecke.

Wer investiert, setzt auf die größte Stärke der Marktwirtschaft: ihre Fähigkeit, aus Krisen Lösungen zu machen. Und damit auf ein System, das trotz Rückschlägen immer wieder neues Wachstum hervorbringt.

Unordnung
Gleichgewicht

Warum Krisen Systeme stärker machen

Krisen sind kein Vorbote des Systemuntergangs. Sie wirken wie ein Lern- und Reinigungsprozess in der Marktwirtschaft – schmerzhaft, aber notwendig. Für einzelne Unternehmen kann eine Krise das Ende bedeuten. Wer sich nicht anpasst, verschwindet. Doch für die Weltwirtschaft als Ganzes ist sie eher ein Impuls zur Erneuerung als eine Bedrohung.

Das Muster ist immer gleich: Ein Schockereignis bringt das Gleichgewicht durcheinander. Unternehmen reagieren, Strukturen verändern sich, neue Standards entstehen. Manche scheiden aus, andere übernehmen oder wachsen. Am Ende steht ein System, das widerstandsfähiger ist als zuvor.

Die Weltwirtschaft ist in diesem Sinn ultrastabil. Sie nimmt Schocks auf, sie passt sich an, sie erfindet sich neu. Niemand kann heute wissen, wie die »Welt AG« nach der nächsten Krise aussieht. Aber eines ist sicher: Sie wird fortbestehen – produktiv, anpassungsfähig, lebendig, weil Transformation Teil ihrer DNA ist.

R.I.P.
R.I.P.
R.I.P.
R.I.P.
R.I.P.
R.I.P.
R.I.P.

Der Friedhof der Fonds: Warum Anleger nur die Überlebenden sehen

Die Finanzindustrie lebt von Produkten. Heute ein neuer Fonds, morgen ein anderer – mit viel Marketing, bunten Broschüren und großen Versprechen. Aber was passiert eigentlich mit den Fonds, die ihre Ziele verfehlen? Sie verschwinden. Still, leise, ohne Schlagzeilen.

Der Fondsfriedhof ist groß. Fonds, die zu wenig Anlegergelder einsammeln oder über Jahre schlechter laufen als der Markt, werden geschlossen oder mit anderen verschmolzen. Für Anleger heißt das: enttäuschte Erwartungen, zusätzliche Kosten – und am Ende das Eingeständnis, auf das falsche Pferd gesetzt zu haben.

In den Fondsvergleichen tauchen diese Grabsteine nicht mehr auf. Zu sehen sind nur die Überlebenden – also jene Produkte, die zufällig oder tatsächlich erfolgreich waren. Das nennt man »Survivorship Bias«. Die Statistik wirkt geschönt, weil die Gescheiterten einfach ausgeblendet werden.

Die Forschung hat hier eine klare Meinung: Aktiv gemanagte Fonds schlagen den Markt langfristig nicht – schon gar nicht nach Kosten. Dass es trotzdem immer neue Produkte gibt, ändert daran nichts. Es sorgt nur dafür, dass der Friedhof weiter wächst. Vertrauen Sie daher nicht auf die nächste Fondsinnovation oder Sales-Geschichte, sondern auf das, was bleibt – die Ertragskraft der Weltwirtschaft, immer breit gestreut und regelbasiert investiert.

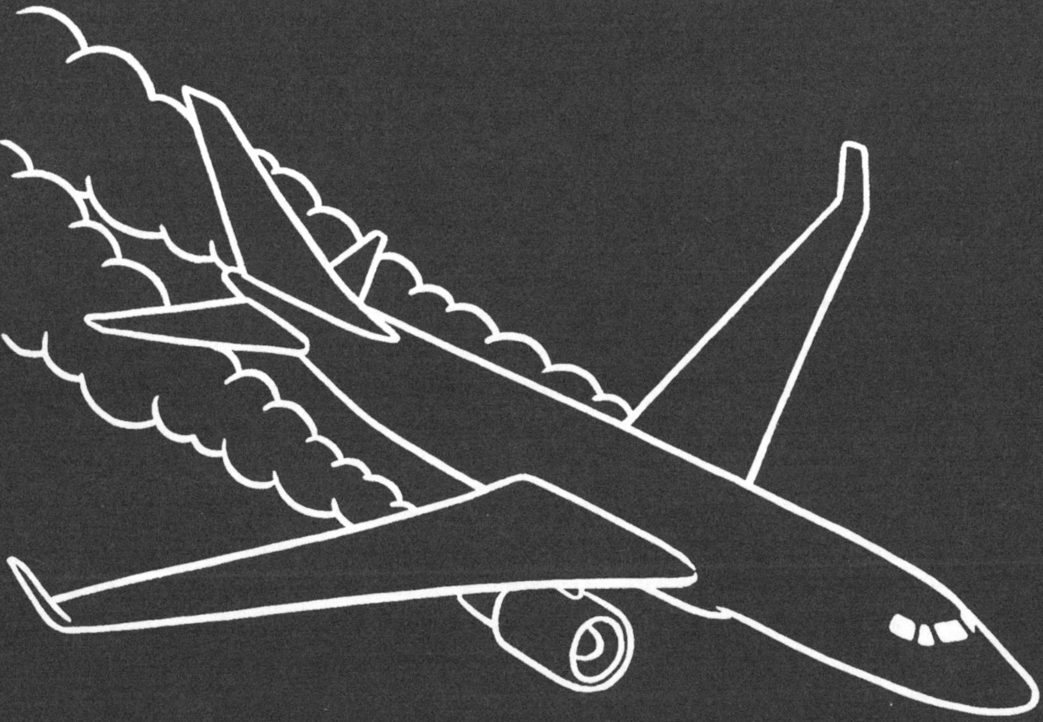

Fehlerkultur statt Produktkarussell: Wie die Finanzindustrie von der Luftfahrt lernen könnte

Die Luftfahrt steht für das sicherste Verkehrsmittel der Welt. Nicht, weil Fehler ausgeschlossen wären, sondern weil jeder einzelne Fehler analysiert und dauerhaft abgestellt wird. Hersteller, Airlines, Wartung, Behörden und Wissenschaft arbeiten eng zusammen – trotz des harten Wettbewerbs. Einheitliche Standards, neue Technologien und ständiger Wissensaustausch haben ein Ziel: Sicherheit für Passagiere und Besatzung.

Ganz anders die Finanzindustrie: Hier steht selten die Sicherheit des Anlegers im Mittelpunkt, sondern der Vertrieb von Produkten. Fehler wiederholen sich immer wieder. Dabei weiß man aus der Forschung seit Jahrzehnten ziemlich genau, was funktioniert: breit gestreut, regelbasiert, kostengünstig investieren. Doch dieses Wissen landet kaum in der Produktentwicklung. Stattdessen entstehen immer neue, komplizierte Produkte, tolle Geschichten – oft mit Hunderten Seiten voller Informationen und Risikohinweise, die am Ende niemandem wirklich helfen, im Gegenteil.

Natürlich geht es für Anleger nicht unmittelbar um Leben oder Tod. Aber eben doch um etwas Existenzielles: die finanzielle Lebensgrundlage von Millionen von Menschen. Verlorene Anlagezeit ist verlorene Lebenszeit – sie kommt nicht zurück.

Genau deshalb sollte die Finanzindustrie von der Luftfahrt lernen: Fehler nicht immer wiederholen, sondern für die Zukunft ausschließen.

Anleger
Bürger

Perspektivwechsel: Warum Anleger mehr sehen sollten als ihr eigenes Land

In Krisenzeiten hängen wir schnell in der engen, nationalen Perspektive fest. Weil wir als Bürger die Krisenauswirkungen direkt spüren: steigende Energiekosten, Unsicherheit im Job, Sorgen um die Familie … Das ist real und belastet uns. Und aus unserer Bürger-Perspektive wirkt jede Krise wie ein alles verschlingendes Ereignis. Doch ein kleiner Perspektivwechsel verändert das Bild.

Erinnern Sie sich an den Film *Der Club der toten Dichter*? Robin Williams steigt auf einen Tisch im Klassenzimmer und sagt zu seinen Schülern: »Von hier oben sieht die Welt wirklich anders aus.«

Genau das gilt auch für die Weltwirtschaft und die Kapitalmärkte. Wer aus der Astronautenperspektive auf den Globus schaut, sieht, dass fast jede wirtschaftliche Entwicklung zwei Seiten hat. Teure Energie hier bedeutet günstigere Bedingungen dort. Der Druck auf alte, etablierte Branchen schafft Raum für neue Technologien und Wettbewerber aus ganz anderen Ländern.

Die Kapitalmarktforschung zieht daraus eine klare Lehre: Niemand kann vorhersagen, welche Märkte, Regionen, Technologien oder Unternehmen die Zukunft bestimmen. Die Welt ist dafür viel zu komplex. Nur eines ist verlässlich: die Ertragskraft der Weltwirtschaft als Ganzes. Sie ist seit Jahrzehnten eine der stabilsten Renditequellen schlechthin.

Darum ist der Perspektivwechsel für Anleger so wichtig. Verlassen wir die enge, immobile Bürger-Perspektive, die uns im Leben schon genug einschränkt, weil wir eben häufig nicht sonderlich flexibel sind. Unser Kapital ist es und sollte deshalb auf dem ganzen Globus gestreut investiert werden, damit es die Ertragskraft der gesamten Weltwirtschaft nutzen kann.

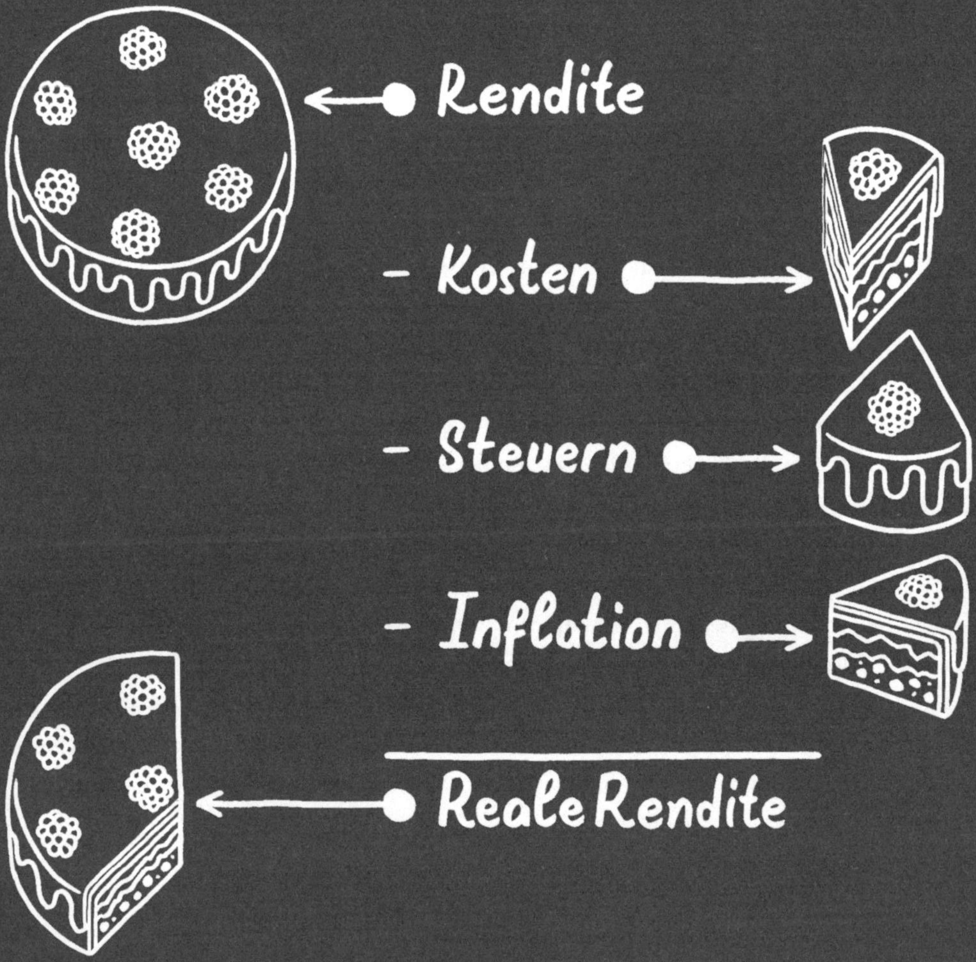
Rendite
– Kosten
– Steuern
– Inflation
Reale Rendite

Denken Sie in Kaufkraft, nicht in Prozenten

Viele Anleger meiden Schwankungen. Sie wollen, dass ihr Geld stetig wächst – am liebsten in einer glatten, ruhigen Linie nach oben. Das wirkt sicher, ist es aber nicht. In dieser »linearen Welt« zählt vor allem der Kontostand. Hauptsache, die Zahl wird größer. Doch was nützt Ihnen das, wenn Sie sich dafür jedes Jahr weniger kaufen können, weil die Inflation Kaufkraft verringert.

Nominale Rendite zeigt nur, wie stark eine Anlage auf dem Papier wächst. Entscheidend ist die reale Rendite – also das, was nach Kosten, Steuern und Inflation übrig bleibt. Wer zum Beispiel 2 Prozent Zinsen bekommt, davon rund 28 Prozent Steuern zahlt und zusätzlich Kaufkraft durch Inflation verliert, steht am Ende real oft im Minus – auch wenn das Guthaben auf dem Kontoauszug nominal größer wird.

Vermögenserhalt bedeutet deshalb: Denken Sie in Kaufkraft, nicht in Prozenten. Und wer Kaufkraft langfristig steigern will, muss Schwankungen aushalten. Sie sind kein Fehler im System, sondern der Preis und die Voraussetzung dafür, dass Vermögen wachsen kann.

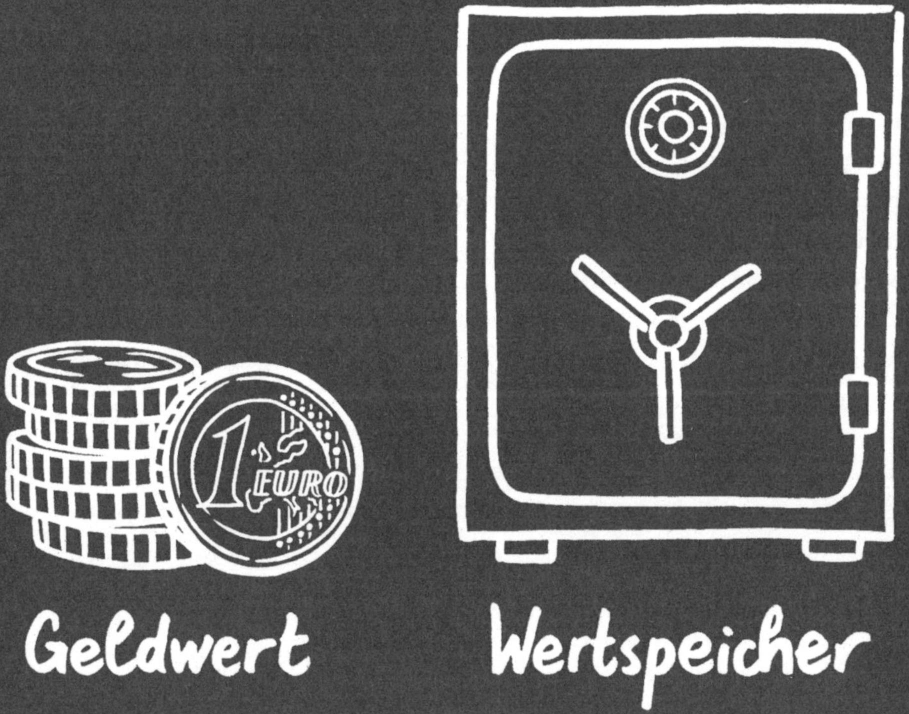
Geldwert
1 EURO
Wertspeicher

Inflation frisst, Sachwerte halten: Wie Sie Werte wirklich konservieren

»Inflation ist die ungewollte
Nebenwirkung einer Geldvermehrung.«
– *Hermann Simon*

Wenn Preise steigen und Geld an Wert verliert, nennt man das Inflation. Sie entsteht, wenn mehr Geld im Umlauf ist, als Güter und Dienstleistungen verfügbar sind. Auch steigende Produktionskosten, höhere Energiepreise oder Lohn-Preis-Spiralen können sie antreiben. Egal wodurch – was heute auf dem Konto liegt, ist morgen schon weniger wert. Zwar wirkt das Sparbuch auf den ersten Blick sicher, weil es nicht schwankt – tatsächlich aber frisst die Inflation den Wert beziehungsweise die Kaufkraft des Geldvermögens langsam auf. Geldwerte sind keine Tresore, sie sind durchlässig und speichern die Kaufkraft nicht.

Sachwerte funktionieren anders: Immobilien, Edelmetalle oder Aktien in einem breit gestreuten Portfolio stehen für reale Werte. Wohnraum, Rohstoffe, Unternehmen – sie alle passen ihre Preise oder Gewinne langfristig an steigende Kosten an. Ja, sie schwanken. Aber über Jahrzehnte sind sie der verlässlichere Schutz.

Ein Beispiel: 100 000 Euro auf dem Konto verlieren bei 5 Prozent Inflation in zehn Jahren fast die Hälfte ihrer Kaufkraft – übrig bleiben knapp 60 000 Euro in heutiger Rechnung. Das gleiche Kapital in Sachwerten investiert, wächst mit der Wirtschaft und erhält die Kaufkraft.

Wollen Sie Ihr Vermögen erhalten, müssen Sie es investieren – nicht in Zahlen auf einem Konto, sondern in greifbare Werte, die bleiben.

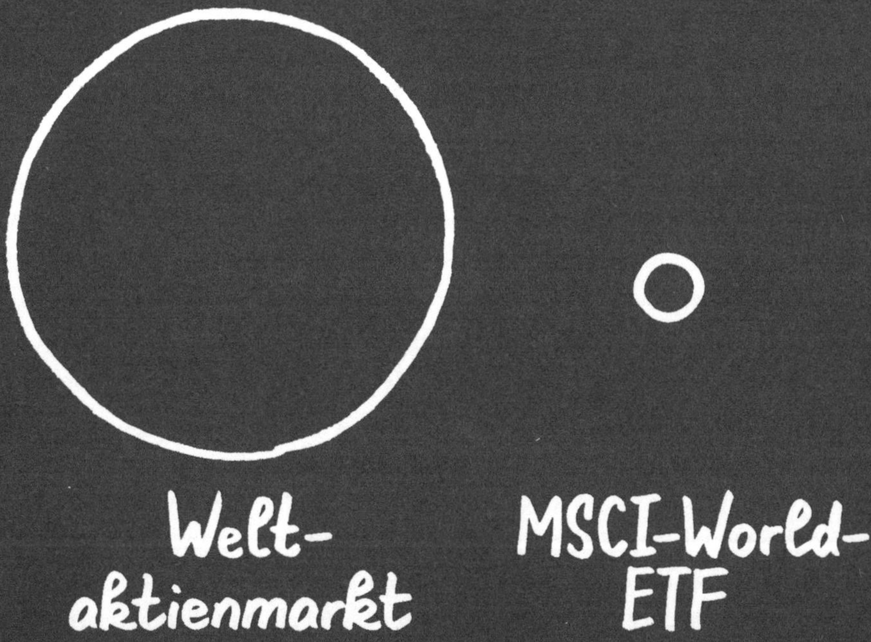
Welt-
aktienmarkt
MSCI-World-
ETF

MSCI World – klingt wie die Welt, ist aber nur ein Ausschnitt

Viele Anleger glauben, mit einem MSCI-World-ETF hätten sie den ganzen Weltaktienmarkt im Depot. Klingt logisch – ist aber ein Trugschluss. Der MSCI World enthält rund 1 600 Unternehmen aus 23 Industrieländern. Schwellenländer? Fehlanzeige. Kleine Unternehmen mit überdurchschnittlichem Wachstumspotenzial? Ebenfalls draußen. Was bleibt, ist eben nur ein relativ kleiner Ausschnitt der Weltwirtschaft – nicht das Ganze.

Dazu kommt die Gewichtung nach Marktkapitalisierung: Je höher ein Unternehmen an der Börse bewertet wird, desto größer ist sein Einfluss im Index. Das hat eine Folge, die viele übersehen: »Blasen«, also teure Einzelwerte, stecken im MSCI World überproportional stark drin – und zwar genau dann, wenn Anleger eigentlich Sicherheit suchen.

Die Forschung zeigt ziemlich klar: Wer die »Weltwirtschaft« in seinem Portfolio abbilden will, braucht mehr Breite. Global gestreute Portfolios, sogenannte Anlageklassen-Fonds, mit oft mehr als 13 000 Unternehmen, beziehen auch Schwellenländer und kleinere Firmen ein – und nutzen gezielt Faktoren wie Value, Small Cap oder Profitabilität. Das Ergebnis: stabilere, robustere Portfolios. Ganz ohne unnötige Komplexität – und oft sogar günstiger.

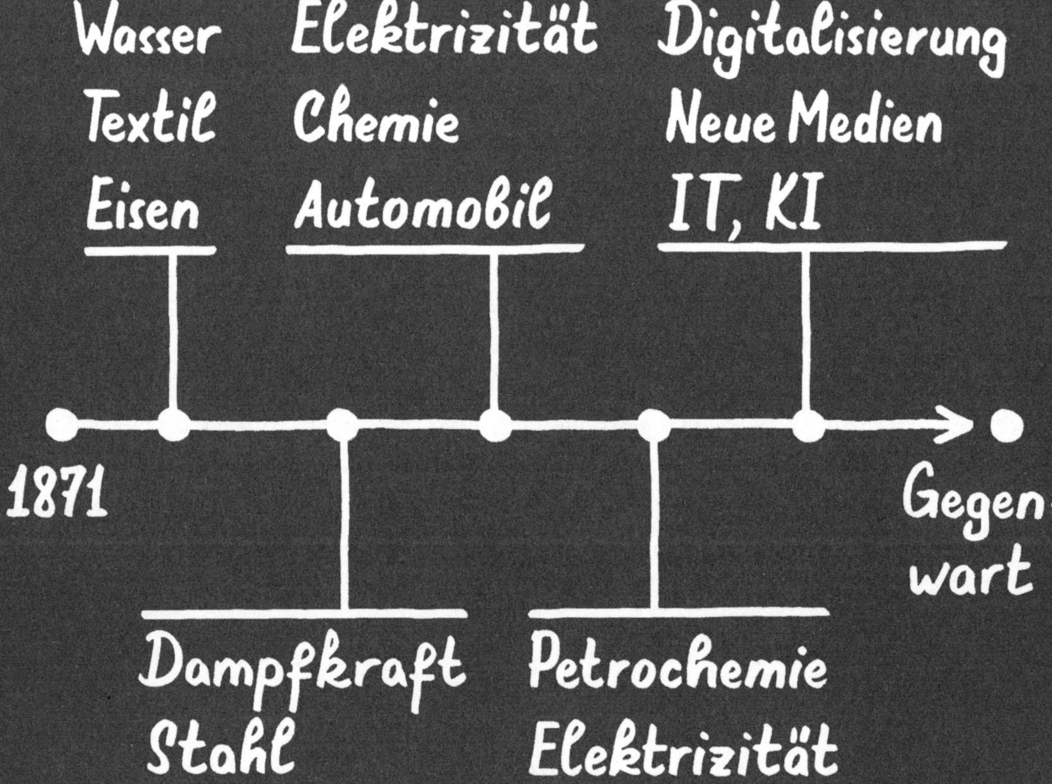
Wasser
Textil
Eisen
Elektrizität
Chemie
Automobil
Digitalisierung
Neue Medien
IT, KI
1871
Gegen-
wart
Dampfkraft
Stahl
Petrochemie
Elektrizität

Die Welt verändert sich – und mit ihr die Märkte

Renditequellen verändern sich permanent – solange es Fortschritt und Anpassung gibt. An den Kapitalmärkten ist nichts statisch. Was gestern Wachstum brachte, kann morgen schon überholt sein. Branchen verschwinden, neue entstehen.

Im 19. Jahrhundert waren es Dampfmaschinen und Stahl. Später Elektrizität, Chemie, Automobile. Heute bestimmen Digitalisierung, künstliche Intelligenz und Biotechnologie die Entwicklung.

Wer in Märkte investiert, investiert immer auch in Fortschritt. Und dieser Fortschritt verändert ständig, wo Rendite entsteht. Genau das macht Diversifikation über Märkte, Technologien, Branchen, Anlageklassen hinweg so entscheidend. Niemand weiß, welche Ideen sich durchsetzen – oder welche Unternehmen sie umsetzen. Aber wir wissen: Solange Menschen forschen, entwickeln und verbessern, wird es Renditequellen geben. Darum ist es klüger, den gesamten Fortschritt zu kaufen – statt auf »das nächste große Ding« zu warten und zu wetten.

Das perfekte Portfolio

Die Ruhe der Regeln

Der Vorteil liegt in der Ruhe. Wer regelbasiert investiert, muss nicht ständig reagieren. Keine Panik bei Kursrückgängen, kein Aktionismus bei neuen Trends. Die Entscheidung ist längst getroffen – nach Prinzipien, nicht nach Stimmung. Das Konzept des regelbasierten Investierens gibt Entwicklungen, Dynamiken und Transformationen Raum – auch für das Unplanbare.

So entstehen weniger typische Anlegerfehler: weniger Überreaktionen, weniger Fehlzeiten im Markt, weniger Kosten. Regelbasiertes Investieren reduziert Komplexität – und gibt Kontrolle zurück, wo sie hingehört: beim eigenen Verhalten.

Investieren wird planbar. Nicht, weil man die Zukunft kennt, sondern weil man sie nicht kennen muss.

Resilienz ist wichtiger als Rendite

Auch Experten wissen nicht, was morgen passiert. Trotzdem bekommen gerade die lautesten Stimmen in Medien und sozialen Netzwerken die größte Aufmerksamkeit. Rückblickend zeigt sich fast immer: Die meisten Prognosen lagen daneben. Die Zukunft ist einfach zu komplex, um sie vorherzusagen. Zu viele Faktoren greifen ineinander – und dann gibt es noch die »Schwarzen Schwäne«: seltene, extreme Ereignisse, die niemand kommen sieht und die alles verändern. Die Terroranschläge des 11. September, die Finanzkrise 2008, Corona, der Angriffskrieg gegen die Ukraine – kein Experte hatte das »ex ante« auf dem Schirm, auch wenn es »ex post« immer logisch klingt.

Für Anleger heißt das: Prognosen bringen keinen Mehrwert. Die Forschung sagt seit Jahrzehnten, dass man besser prognosenfrei investiert. Denn alle bekannten Informationen stecken schon in den aktuellen Marktpreisen. Nur neue, unerwartete Ereignisse bewegen sie wirklich. Wer trotzdem versucht, die Zukunft zu erraten, spekuliert – und verliert am Ende meist Geld.

Die Antwort liegt in der Resilienz. Wer den gesamten Markt kauft und Faktoren wie Unternehmensgröße, Bewertung oder Profitabilität gezielt stärker gewichtet, baut Stabilität auf. Ein Portfolio, das Stürme aushält – wie ein Stehaufmännchen: Es fällt zwar um, richtet sich aber immer wieder auf.

BÖRSE

An der Börse wird nicht geklingelt: Warum Warten an der Börse nichts bringt

An der Börse wird nicht geklingelt – diese alte Börsenweisheit ist heute aktueller denn je. Viele Anleger wünschen sich klare Signale, wann der richtige Moment für Ein- oder Ausstieg gekommen ist. Nur: Den gibt es nicht.

Die Realität ist einfach zu komplex. Politische Spannungen, Naturkatastrophen oder technologische Brüche können Märkte jederzeit verändern. Und dann sind da noch die Emotionen – Panik, Euphorie, Angst, Gier. In einer vernetzten Welt reicht oft schon ein lokales Ereignis, um globale Bewegungen auszulösen.

Prognosemodelle stoßen da schnell an ihre Grenzen. Sie beruhen auf Vergangenheitsdaten und können neue, unerwartete Ereignisse schlicht nicht abbilden. Das heißt nicht, dass Analysen nutzlos wären – sie helfen, Zusammenhänge zu verstehen. Nur: Für den Anlageerfolg zählt etwas anderes. Entscheidend ist, was sich bewährt hat – langfristiges Denken, breite Streuung, Disziplin.

Denn eines gilt immer noch: An der Börse wird nicht geklingelt. Wer auf das perfekte Timing wartet, verpasst am Ende die entscheidenden Chancen.

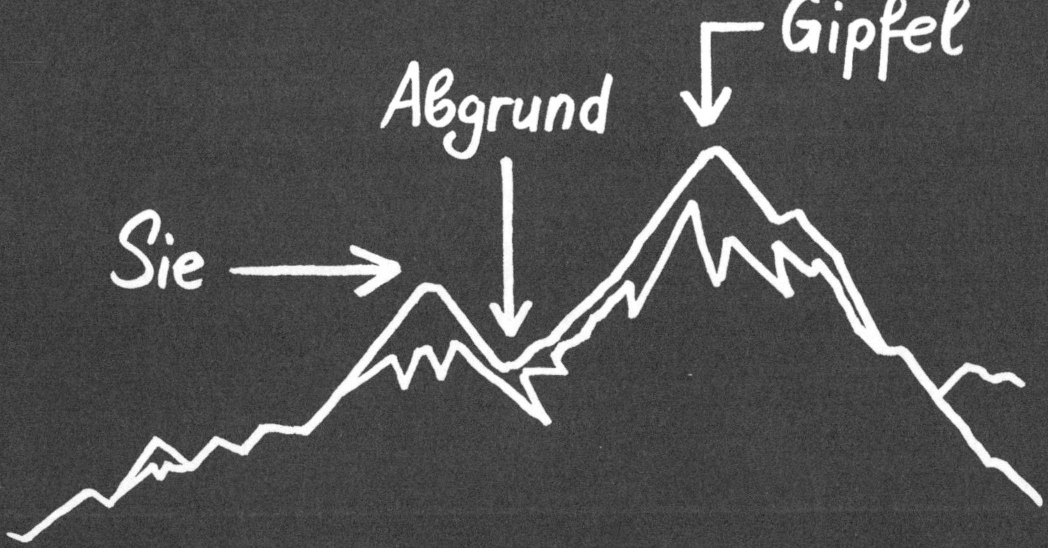
Gipfel
Abgrund
Sie

Märkte steigen über Täler hinweg

Kapitalmärkte wirken für viele wie ein unüberwindbares Gebirgsmassiv. Unzählige Erwartungen, Ängste und Hoffnungen spiegeln sich in den täglich schwankenden Kursen. Niemand kann dieses Auf und Ab vorhersagen – und genau das verunsichert die meisten Anleger.

Die Botschaft der Wissenschaft ist einfach und klar: Nur neue Informationen, die heute noch niemand kennt, verändern die Preise. Prognosen sind eine Illusion. Sicher ist nur eines in einer Marktwirtschaft: Auf lange Sicht sind Marktentwicklungen immer positiv. Denn Unternehmen müssen Gewinne erwirtschaften, um zu überleben. Wer scheitert, wird ersetzt und fällt aus dem Index. Weil man vorher nicht weiß, wer die Verlierer und Gewinner sind, rät die Forschung: extrem breit streuen und nicht auf Einzelwerte wetten.

Das bedeutet für Anleger: Talstrecken, also Kursrückgänge, sind unvermeidbar. Sie gehören zum Weg. Wer Vermögen aufbauen will, muss sie schlicht aushalten. Bergsteiger wissen das: Wer den Gipfel erreichen will, kommt an zwischenzeitlichen Abstiegen und Abgründen nicht vorbei. Wer umkehrt, bleibt unten. Wer stoisch weitergeht und die Schmerzen aushält, erreicht auch den Gipfel.

Darum zählt am Ende – am Berg wie an den Märkten – das Durchhalten und Weitergehen. Wer den Blick nach vorne richtet, fürchtet die Täler weniger – und erreicht sein Ziel.

TEIL 3

WARUM RISIKO SELTEN DAS IST, WAS WIR FÜHLEN

Wie wir Menschen Risiken wahrnehmen und Informationen bewerten

Unser Gehirn reagiert auf Lärm, Bewegung, Schlagzeilen – und verwechselt das mit Risiko. Was laut ist, wirkt gefährlich. Was still ist, scheint sicher. Doch an den Märkten gilt oft das Gegenteil. Risikowahrnehmung ist selten objektiv, sie folgt unseren Gefühlen.

Dieses Kapitel zeigt, warum wir Risiken falsch einschätzen, wie Medien, Datenflut und Psychologie das verstärken – und wie Sie trotzdem souverän bleiben, wenn es laut wird.

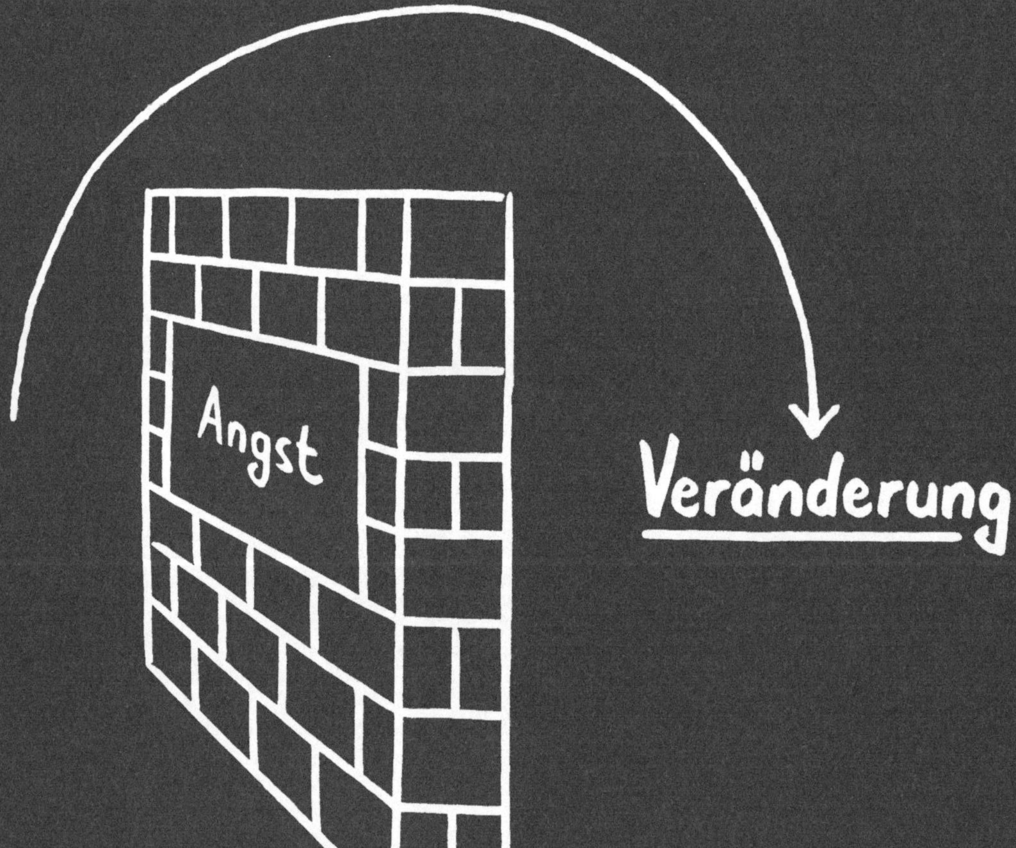
Angst
Veränderung

Unsicherheit ist kein Risiko, sondern Realität

Menschliche Ängste und Bedenken stehen häufig vor Veränderungen. Investieren bedeutet, Entscheidungen für eine Zukunft zu treffen, die niemand kennt. Wir bewegen uns in einer Welt, die sich ständig verändert – wirtschaftlich, politisch, gesellschaftlich. Krisen, Kriege, technologische Umbrüche: Nichts bleibt, wie es ist.

Diese Unsicherheit macht vielen Menschen Angst. Sie führt dazu, dass Entscheidungen verschoben, Chancen vertagt oder ganz vermieden werden. Doch Stillstand schützt nicht – er kostet Zeit, Rendite und Entwicklung.

Wer investieren will, muss die Angst nicht besiegen, sondern verstehen. Angst signalisiert uns, dass Veränderung bevorsteht. Sie ist ein Signal, kein Hindernis. Wachstum entsteht nie aus Komfortzone heraus, sondern aus Bewegung. Wer sich trotz dieser Unsicherheit entscheidet – wohlüberlegt, diszipliniert und mit klarer Struktur –, öffnet die Tür zu neuen Möglichkeiten. Hinter der Mauer unserer Ängste liegen Fortschritt und Wachstum.

VUCA

Volatility

Uncer-
tainty

Complexity

Ambi-
guity

VUCA – die Welt der Ungewissheit

Schon seit den 1990er-Jahren beschreibt der Begriff VUCA die Welt, in der wir leben und wirtschaften: volatil, unsicher, komplex und mehrdeutig.

Volatilität (volatility) steht für ständige Veränderungen. Unsicherheit (uncertainty) beschreibt das Fehlen verlässlicher Prognosen. Komplexität (complexity) zeigt, dass Entwicklungen nicht linear verlaufen. Und Ambiguität (ambiguity) bedeutet, dass es selten nur eine Wahrheit gibt.

In dieser Welt treffen Anleger Entscheidungen unter unklaren Bedingungen. Prognosen verlieren an Aussagekraft, Trends kippen schneller, Zusammenhänge werden undurchsichtiger. Die passende Antwort darauf ist nicht der Versuch, alles vorhersehen zu wollen, sondern Strukturen zu schaffen, die mit Unsicherheit umgehen können. Breite Diversifikation, wissenschaftlich fundierte Strategien und Disziplin bilden das Fundament, um auch in einer volatilen, unsicheren Welt handlungsfähig zu bleiben und Anlageentscheidungen treffen zu können.

BANI

Brittle Anxious Non-linear Incom-prehen-sible

BANI – warum Stabilität heute anders entsteht

BANI – die Welt nach VUCA: Lange galt unsere Zeit als VUCA. Heute sprechen Zukunftsforscher zunehmend von BANI – einer Welt, die brüchig (brittle), ängstlich (anxious), nicht linear (non-linear) und schwer verständlich (incomprehensible) ist.

Brüchig, weil Systeme unter Spannung stehen. Ängstlich, weil Unsicherheit emotional wirkt. Nicht linear, weil Entwicklungen plötzlich kippen. Und unverständlich, weil Informationen schneller entstehen, als sie verarbeitet werden können.

Für Anleger bedeutet das: Stabilität lässt sich nicht mehr durch Vorhersagen erreichen, sondern nur durch Struktur. Ein robustes Portfolio braucht heute mehr denn je klare Prinzipien – breite Streuung, Disziplin und Geduld. An Märkten wie im Leben gilt: Wir können die Welt nicht kontrollieren, aber wir können lernen, mit ihren Unwägbarkeiten umzugehen.

ich habe an alles gedacht
Risiko
daran nicht

Perfekt geplant – bis es passiert

Viele Anleger sind überzeugt, sie hätten an alles gedacht: breite Streuung, gute Produkte, klare Strategie. Doch an den Kapitalmärkten gibt es immer eine Unbekannte – das Risiko, das man erst erkennt, wenn es da ist.

Risiken tauchen selten dort auf, wo man sie erwartet. Sie entstehen durch Ereignisse, die niemand vorhersehen kann – politische Umbrüche, neue Technologien, menschliche Fehlentscheidungen, Kriege … man kann sie nicht planen, nur aushalten.

Darum ist ein Portfolio nie perfekt. Es ist immer nur so robust wie seine Fähigkeit, Überraschungen zu verkraften. Erfolgreiches Investieren heißt deshalb nicht, Risiken zu vermeiden, sondern mit ihnen zu leben und vorbereitet zu sein – ohne in Panik zu geraten, wenn sie sich zeigen.

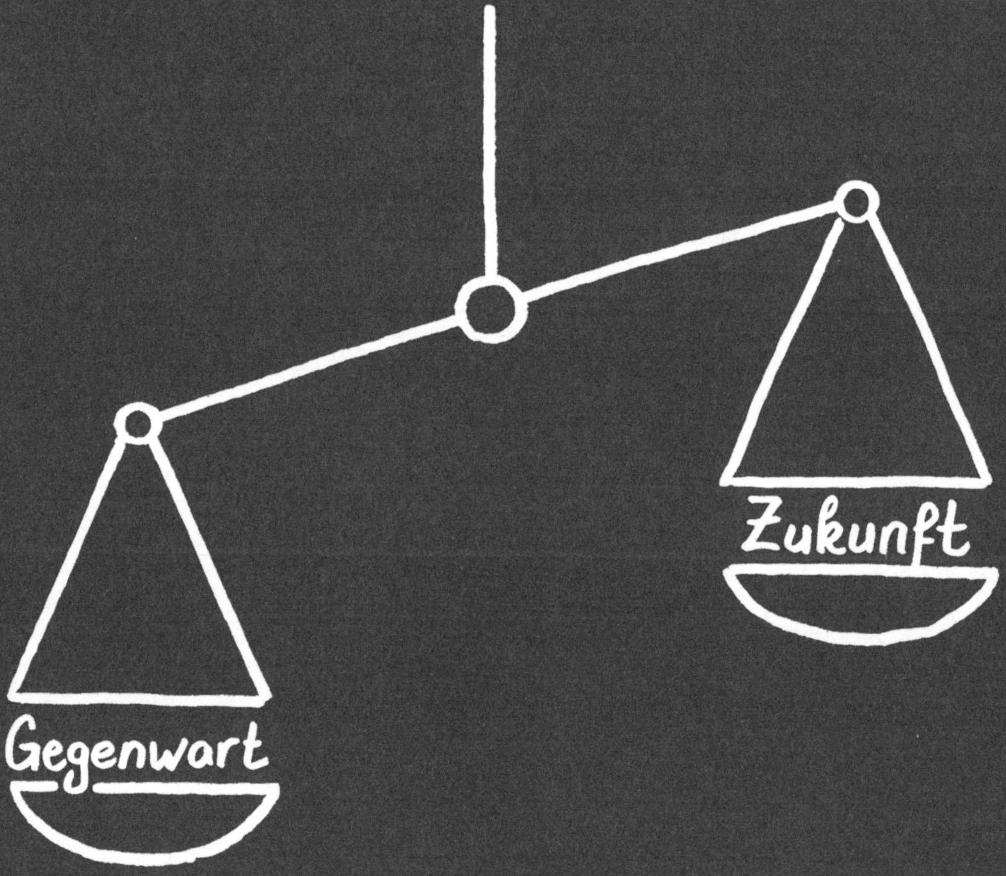
Gegenwart
Zukunft

Wenn das Heute zu laut wird: Warum Anleger ihrer Intuition nicht trauen sollten

Eine Waage kippt: Die Gegenwart wiegt schwer, die Zukunft fällt weniger ins Gewicht. Genauso funktioniert unser Kopf. Aktuelle Informationen sind präsent, sie drängen sich nach vorn, bekommen zu hohen Stellenwert. Ältere Daten, oft relevanter, verblassen.

Die Psychologie nennt das Gegenwartsverzerrung. An den Märkten führt sie dazu, dass Anleger panisch verkaufen, wenn Kurse fallen. Oder euphorisch kaufen, wenn sie steigen. Dabei zeigen die langen Zeitreihen klar: Märkte entwickeln sich nicht linear. Sie schwanken – auf und ab. Wer nur das Heute sieht, verliert den Blick für die Fakten und trifft emotionale statt rationale Entscheidungen.

Darum braucht es Regeln, die stärker sind als Gefühle. Systematisch investieren. Breit streuen. Diszipliniert bleiben. So erhält die Zukunft die Relevanz, die sie verdient – und das Heute verliert seine übergroße Macht.

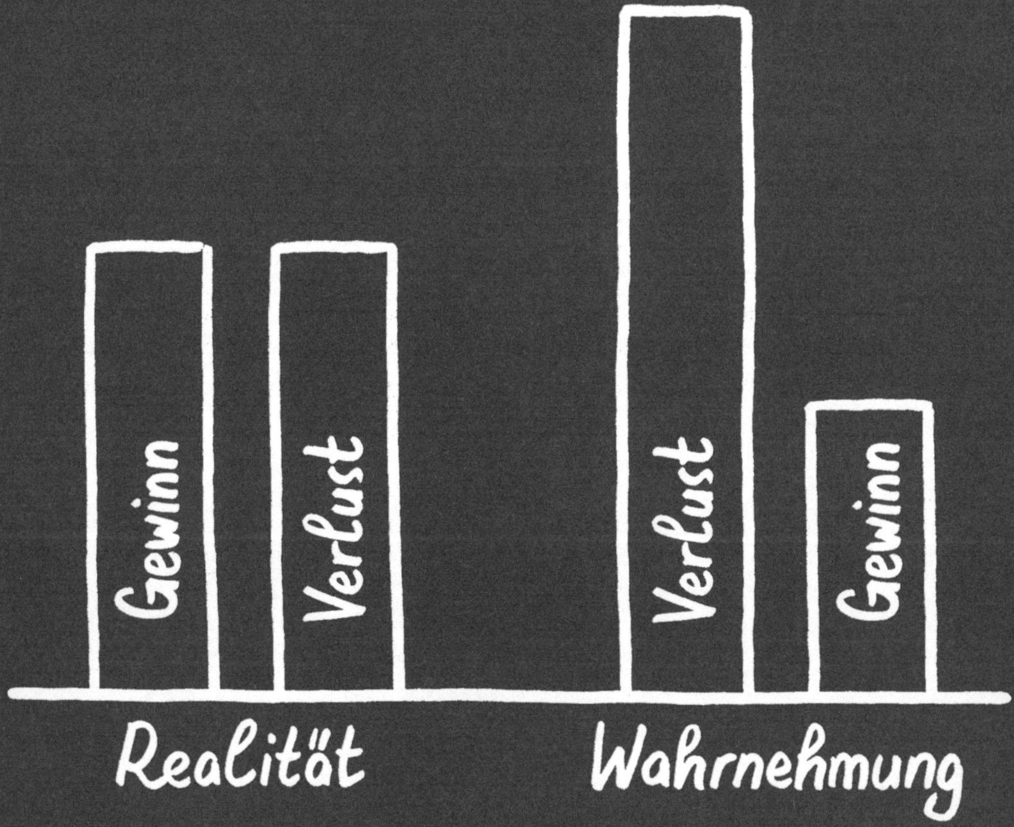
Gewinn
Verlust
Verlust
Gewinn
Realität
Wahrnehmung

Wenn Verluste lauter schreien als Gewinne

Wir Menschen gewichten Verluste stärker als Gewinne. Ein Minus von 100 Euro schmerzt mehr, als uns ein Plus von 100 Euro freut. Objektiv müssten beide gleich schwer wiegen – doch unser Kopf verzerrt das Bild. Diese Neigung hat evolutionäre Wurzeln. Wer Gefahren mehr Beachtung schenkte als Chancen, war wachsamer – und überlebte eher. Dieses Radar schützt uns auch heute noch im Alltag. An den Finanzmärkten aber führt es in die Irre.

Kurzfristige Verluste fühlen sich übermächtig an. Viele deuten sie sofort als Risiko, obwohl sie in einem breit gestreuten Portfolio meist nur vorübergehende Schwankungen sind. Echte Risiken sind etwas anderes: dauerhafte Verluste durch Insolvenz, Enteignung, Krieg oder Inflation. Doch unser Gehirn macht keinen Unterschied und reagiert, als sei jede Schwankung eine Bedrohung.

Medien verstärken diesen Effekt. Katastrophen verkaufen sich besser als stetige Wertzuwächse, Gewinne treten in den Hintergrund. Die Folge: Anleger sehen Gefahr, wo langfristig Stabilität herrscht.

Verluste sind oft nur gefühlte Gefahren, keine echten Risiken. Wer diese Verzerrung erkennt, bleibt gelassener – und sieht klarer, dass breit gestreute Märkte über die Zeit stabile Renditen abliefern.

Der teuerste Reflex der Welt

Unser Gehirn ist ein Pfennigfuchser. Es spart, wo es kann – vor allem Energie. Langsames, gründliches Denken kostet viel davon, schnelles Denken ist energieeffizient. Darum greift das Gehirn lieber zur schnellen Antwort als zur richtigen. Im Alltag ist das oft hilfreich. Wenn vor uns im Verkehr jemand plötzlich bremst, reagieren wir instinktiv – und genau das rettet uns. Schnelles Denken schützt uns, wenn keine Zeit zum Nachdenken bleibt.

An den Märkten ist es aber gefährlich. Dort locken ständig Impulse, Schlagzeilen, Kurssprünge, Expertenmeinungen. Jede Information löst einen Impuls aus – kaufen, verkaufen, absichern, flüchten. Und schon steuert uns nicht mehr die Überlegung, sondern der Reflex. Soziale Medien verstärken das noch. Sie füttern unser schnelles Denken, belohnen Reaktion statt Reflexion. Sehen, reagieren, teilen – und so weiter.

Doch Märkte sind kein Feed. Sie brauchen Geduld, Kontext und manchmal einfach Ruhe. Wer das weiß, kann sich selbst bremsen und einen Moment länger nachdenken, nicht sofort reagieren. Denn Informationskompetenz heißt nicht, alles zu wissen, sondern vor allem zu wissen, wann man dem eigenen Impuls besser nicht folgt.

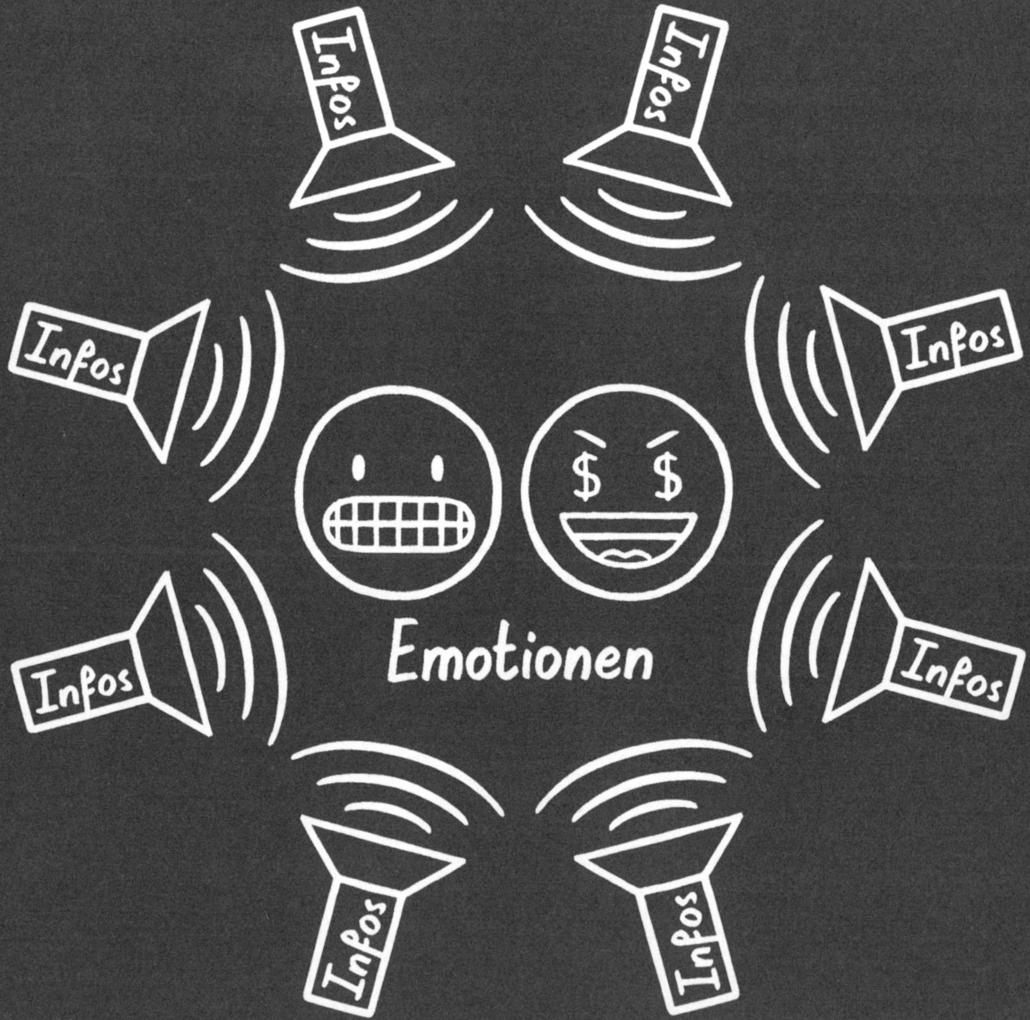
Infos
Infos
Infos
Infos
Infos
Infos
Infos
Infos
Emotionen

Filter statt Furcht

Noch nie waren so viele Informationen verfügbar – und so wenige davon wirklich nützlich. Die meisten Nachrichten sind nicht gemacht, um zu informieren, sondern um zu bewegen: Angst, Euphorie, Empörung, Unsicherheit. Gefühle, keine Fakten. Anleger geraten so in einen ständigen Alarmzustand. Jede Schlagzeile wirkt wie ein Signal: Jetzt handeln! Raus! Rein! Doch wer jeder Emotion folgt, verliert die Orientierung. Informationsflut ersetzt keine Urteilskraft.

Wirkliche Kompetenz zeigt sich nicht im Wissen, sondern in der Fähigkeit, Reize zu filtern und zu entscheiden: Welche Information hilft mir, welche verführt mich nur? Wer diese Kompetenz besitzt, bleibt ruhig – und trifft bessere Entscheidungen, egal was bei uns oder um uns herum auch passieren mag.

Ihre Wahrnehmung
die Realität

Die Illusion des Informationsvorsprungs?

Wir überschätzen oft, wie viel wir wissen – besonders an den Kapitalmärkten. Börsen sind riesige Informationsverarbeitungsmaschinen. Ohne Pause fließt dort zusammen, was Millionen Marktteilnehmer bewegt: Privatanleger, Profis, Händler, Spekulanten. Ihre Erwartungen, Ängste, Unternehmensnachrichten, politische Entscheidungen, gesellschaftliche Entwicklungen – alles wird in Echtzeit in Kauf- und Verkaufssignale übersetzt. Am Ende steht ein Preis.

Nur wer Informationen vor allen anderen Marktteilnehmern hat, könnte einen Vorsprung haben. Doch dieser Vorsprung ist extrem selten – und meist nur eine Illusion. Wer glaubt, mehr zu wissen als der Markt, spekuliert oder wettet auf eine bestimmte Entwicklung. Und wer sein eigenes Wissen überschätzt, wird an den Märkten meist bestraft.

Darum braucht es Demut vor dem Wissen des Marktes. Preise spiegeln das gebündelte Wissen aller wider. Schlau ist es, dies zu akzeptieren und anzunehmen und diese kollektive Intelligenz für sich und seine Ziele zu nutzen, als gegen den Markt anzutreten.

Auch Untergangspropheten haben eigene Interessen: Meinungsklarheit verkauft sich besser als komplexe Wahrheiten

Untergangspropheten treten laut auf, mit erhobenem Zeigefinger und scheinbar absoluter Gewissheit: Alles steuere unausweichlich auf den Kollaps zu. Gerade in Krisenzeiten finden sie leicht Gehör.

Das Muster ist immer gleich. Zuerst beschreiben sie reale Probleme – Schulden, politische Konflikte, demografische Trends. Daran ist nichts auszusetzen. Doch dann vereinfachen sie radikal: Aus komplexen Zusammenhängen wird eine simple Abwärtsprognose, aus Unsicherheit wird Gewissheit. Lösungen? Dynamik? Anpassung? Fehlanzeige. Die Konsequenz dieser Logik ist immer der totale Untergang.

Solche Erzählungen wirken stark, weil sie Klarheit dort versprechen, wo die Wirklichkeit kompliziert ist. Sie verkaufen sich gut – als Bücher oder auf YouTube-Kanälen mit einem Millionenpublikum. Meinungsstark, einfach, emotional – das zieht. Die Realität aber ist viel komplexer. Märkte passen sich an, Unternehmen finden Lösungen, Gesellschaften lernen. Transformation oder Anpassung eben wie in unserer Evolution.

Wäre es anders, gäbe es die Menschheit längst nicht mehr. Genau diesen Teil blenden Untergangspropheten aber aus – bis auf eine Ausnahme: ihre »Lösung«. Teure Fonds, Krisenprodukte wie Whiskey oder absurde Finanzvehikel, die Anlegern wenig helfen, ihren Verkäufern dafür umso mehr.

Was wir lernen können: Schwarzmalerei folgt sehr oft Interessen. Anleger brauchen keine Angstgeschichten, sondern einen klaren Plan – und regelbasiertes, nachvollziehbares Investieren.

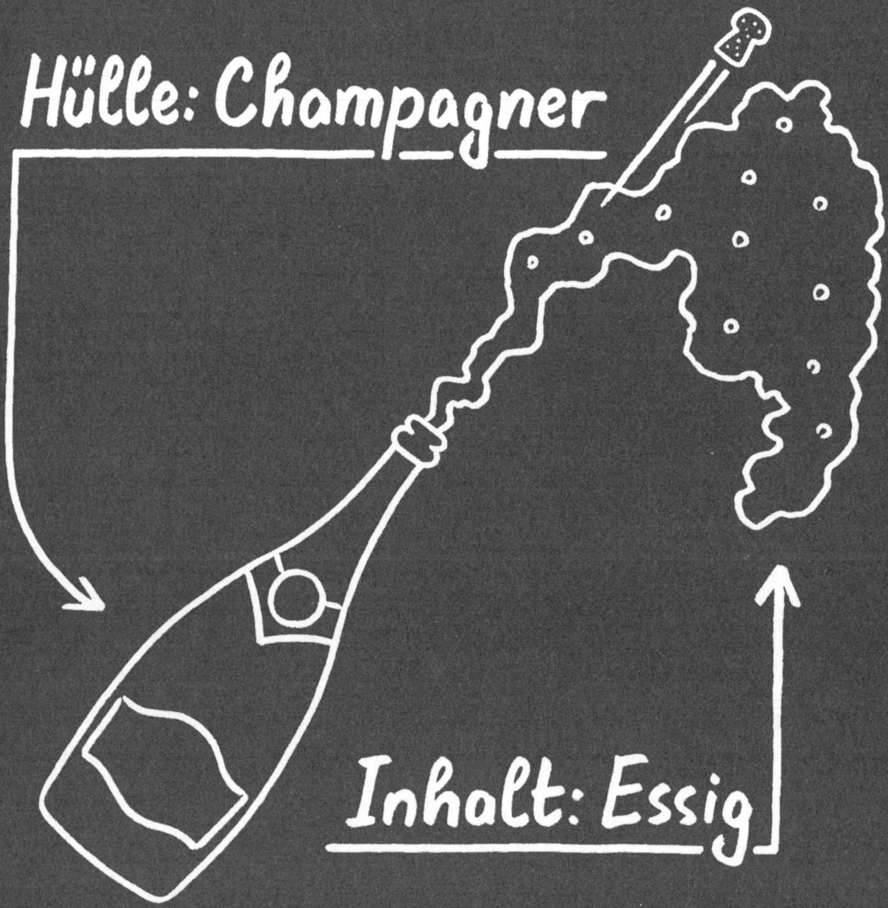
Hülle: Champagner
Inhalt: Essig

Glanz täuscht – Substanz zählt: Warum Anleger sich nicht vom Schein blenden lassen sollten

Eine Champagnerflasche glitzert, auch wenn sie Essig enthält. Genauso ist es oft mit Geldanlagen. Ein Freund erzählte von seinem Vermögensverwalter: Büros in bester Lage, Berater im Maßanzug, Ledersessel, Kunst an den Wänden. Einladungen zu Golfturnieren, Vernissagen. Alles glänzte. Nur die Rendite nicht. Seit über zehn Jahren blieb sein Depot Jahr für Jahr hinter dem simplen MSCI World zurück. Als er den Berater darauf ansprach, konnte der nur nicken: »Sie haben recht, wir müssen neu denken.«

Das Muster ist altbekannt: Anleger lassen sich von Auftritt, Image und Statussymbolen täuschen. Von Geschichten, die nichts mit den Ergebnissen zu tun haben. Entscheidend ist allein der Kern. Und der ist seit Jahrzehnten belegt: Die Wertzuwächse der Weltwirtschaft lassen sich effizient und günstig einfangen – durch breite Streuung und klare Regeln.

Darum gilt: Nicht die Fassade entscheidet, sondern die Substanz. Wer sich auf das Wesentliche konzentriert, investiert einfacher, günstiger – und erfolgreicher.

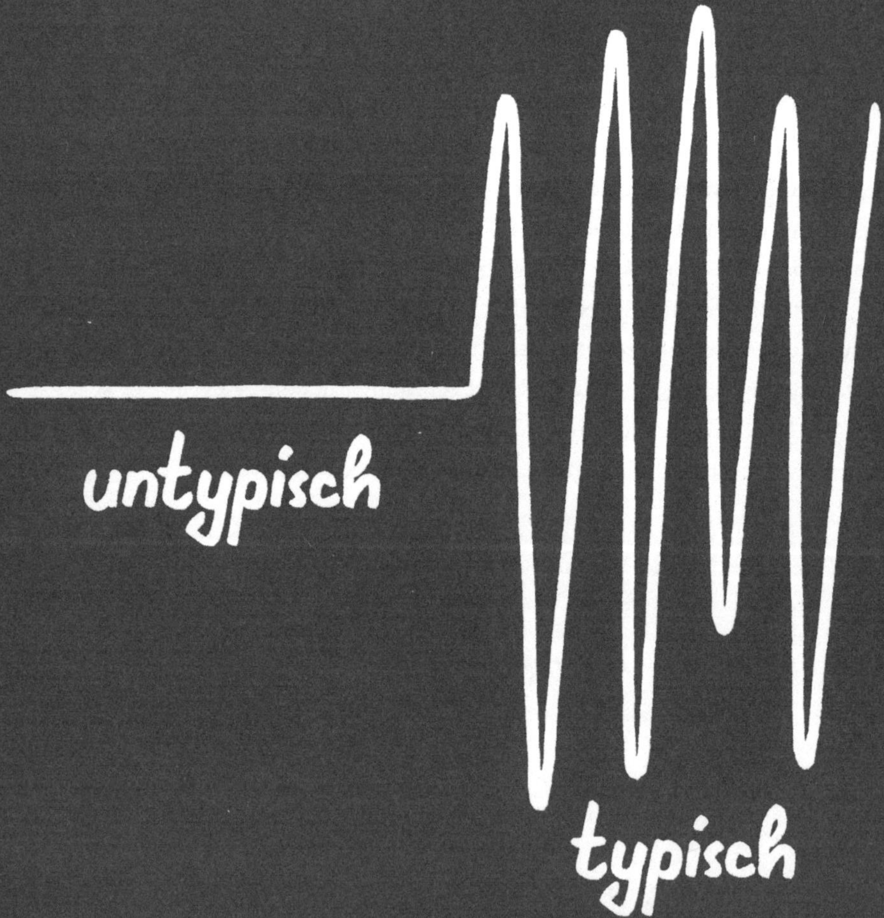
untypisch
typisch

Normal ist nicht normal: Bewegung heißt Leben – auch an der Börse

Eine Nulllinie gibt es an den Kapitalmärkten nicht. Kurse schlagen nach oben und unten aus – das ist ihr typisches Verhalten. Stillstand dagegen wäre untypisch. Aktienmärkte sind kein Glücksspiel, sondern ein Eigenkapital-Versorgungssystem für Unternehmen. Sie stellen Kapital bereit. Jede neue Information – positiv oder negativ – wird sofort in die Preise übersetzt.

Weil sich die Realität selbst nicht linear entwickelt, können es die Märkte auch nicht. Schwankungen sind kein Zeichen von Schwäche, sondern Ausdruck von Funktionsfähigkeit und permanenter Anpassung der Unternehmen an die Wirklichkeit.

Einzelne Unternehmen, Branchen oder Regionen verlieren. Die Weltwirtschaft als Ganzes bleibt – auch wenn sie permanent schwankt, weil sie laufend neue Informationen in Preise übersetzt – relativ robust. Wer breit investiert, partizipiert an dieser Ertragskraft. Ein Beispiel: Niemand weiß heute, welche Antriebe die Autos der Zukunft haben werden – oder wer sie baut. Sicher ist nur: Es wird Autos geben, und individuelle Mobilität bleibt. Wer den Gesamtmarkt im Portfolio hält, profitiert in jedem Szenario – unabhängig davon, welche Technologie oder welcher Hersteller gerade vorne liegt.

Schwankungen sind also nichts, was Sie fürchten müssten. Sie sind das Lebenszeichen funktionierender Märkte – und Ihre Fahrkarte in Richtung Wertzuwachs.

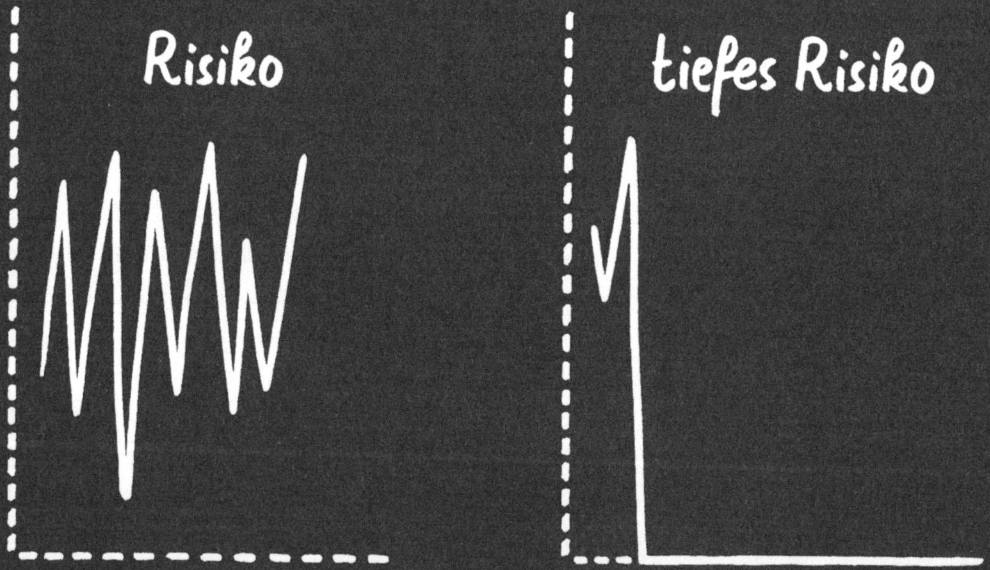
Risiko
tiefes Risiko

Schwankung ist kein Verlust: Warum Anleger zwei Risiken unterscheiden müssen

Eine der zentralen Fragen für Privatanleger lautet: Geht es um flaches Risiko – oder um tiefes Risiko? In den Medien ist oft dramatisch von Crash-Gefahr die Rede. Doch aus nüchterner Sicht der Kapitalmarktforschung sind die üblichen Kursschwankungen kein gravierendes Risiko – auch wenn sie sich emotional oft so anfühlen. Es sind Bewegungen nach oben und unten, Teil des normalen Marktgeschehens.

Wissenschaftler unterscheiden hier. Flache Risiken sind Kursschwankungen. Aktienkurse spiegeln die Gewinnerwartungen der Unternehmen wider – und diese Erwartungen werden laufend durch alle Marktteilnehmer überprüft und angepasst. Mal steigen sie, mal fallen sie. In einem breit gestreuten Portfolio gleichen diese Bewegungen dem Schilf im Wind: Es biegt sich, aber es bricht nicht. Wer in solchen Momenten panisch reagiert, macht einen Fehler.

Tiefe Risiken dagegen sind von anderer Art. Sie gehen nur in eine Richtung – nach unten – und vernichten Werte dauerhaft. Dazu zählen: Inflation – sie frisst langsam, aber stetig die Kaufkraft Ihres Geldes. Enteignungen – sie treffen plötzlich und hart, wenn politische Systeme Eigentum beschneiden oder neu verteilen. Kriege – sie zerstören Werte physisch: Fabriken brennen ab, Immobilien liegen in Trümmern, Infrastruktur verschwindet. Insolvenzen – sie treffen Anleger direkt, wenn das Kapital zu stark konzentriert ist und ein Unternehmen ausfällt.

Die Lehre daraus ist eigentlich einfach: Flache Risiken müssen Sie aushalten – sie sind der Preis für Ihre Rendite. Tiefe Risiken dagegen sollten Sie vermeiden: durch breite Streuung, globale Sachwertanlagen und den Verzicht auf Klumpenrisiken. Denn echte Sicherheit entsteht nicht durch Stillstand, sondern durch Beteiligung an der permanenten Dynamik des Kapitalismus.

Das Risiko des Stillstands

Viele glauben, nicht zu investieren, sei eine neutrale Haltung. In Wahrheit ist es eine Entscheidung – für Bargeld oder Sichtguthaben. Und somit für ein Risiko. Denn auch wenn die Zahl auf Ihrem Kontoauszug gleich bleibt, schrumpft die Kaufkraft Ihres Geldes still und stetig.

Ein Beispiel: 100 000 Euro verlieren bei 5 Prozent Inflation nach fünf Jahren rund ein Fünftel an Wert. Übrig bleibt die Kaufkraft von 78 000 Euro. Nach zehn Jahren hat Ihr Erspartes über die Hälfte seiner heutigen Kaufkraft eingebüßt. Dieses »tiefe Risiko« wird oft unterschätzt: der schleichende Verlust durch Inflation.

Die vermeintliche Sicherheit des Nichtstuns ist eine Illusion. Wenn Sie stattdessen bewusst entscheiden, die Komfortzone verlassen und Schwankungen aushalten, schützen Sie Ihr Vermögen – und erhalten dessen Kaufkraft.

flache Risiken
oder
tiefe Risiken

Die richtigen Risiken entscheiden: Ohne Risiko keine Chance – aber das richtige zählt

Im Alltag gilt Risiko meist als Gefahr, aber an den Kapitalmärkten ist das zu kurz gedacht. Die Forschung zeigt: Es gibt gute und schlechte Risiken. Wollen Sie erfolgreich investieren, müssen Sie den Unterschied kennen.

Börsen haben eine klare Aufgabe: Sie versorgen Unternehmen mit Kapital. Dieses Kapital fließt in Ideen, Produkte und Wachstum. Doch nicht jedes Unternehmen überlebt. Manche scheitern, manche verschwinden. Wirecard war kein Einzelfall. Wer auf ein einzelnes Unternehmen setzt, trägt das volle Risiko – und kann im Extremfall alles verlieren. Solche Konzentrationsrisiken nennt man unsystematische Risiken. Sie sind vermeidbar.

Die gute Nachricht: Mit breiter Streuung lassen sich alle unsystematischen Risiken ausschalten – ohne Renditeeinbußen. Übrig bleiben die systematischen Risiken, die alle Unternehmen betreffen: Finanzkrisen, Pandemien, geopolitische Schocks. Sie treffen den Gesamtmarkt, aber sie vernichten ihn nicht. Nach jedem Rückschlag erholt sich die Weltwirtschaft. Systematische Risiken sind die »guten Risiken«. Wer sie trägt, wird langfristig mit Rendite belohnt.

Am Ende entscheidet also nicht, ob Sie Risiken eingehen, sondern welche. Schlechte Risiken können Sie vermeiden, gute Risiken sollten Sie eingehen – sie sind der Preis für den belohnenden Ertrag.

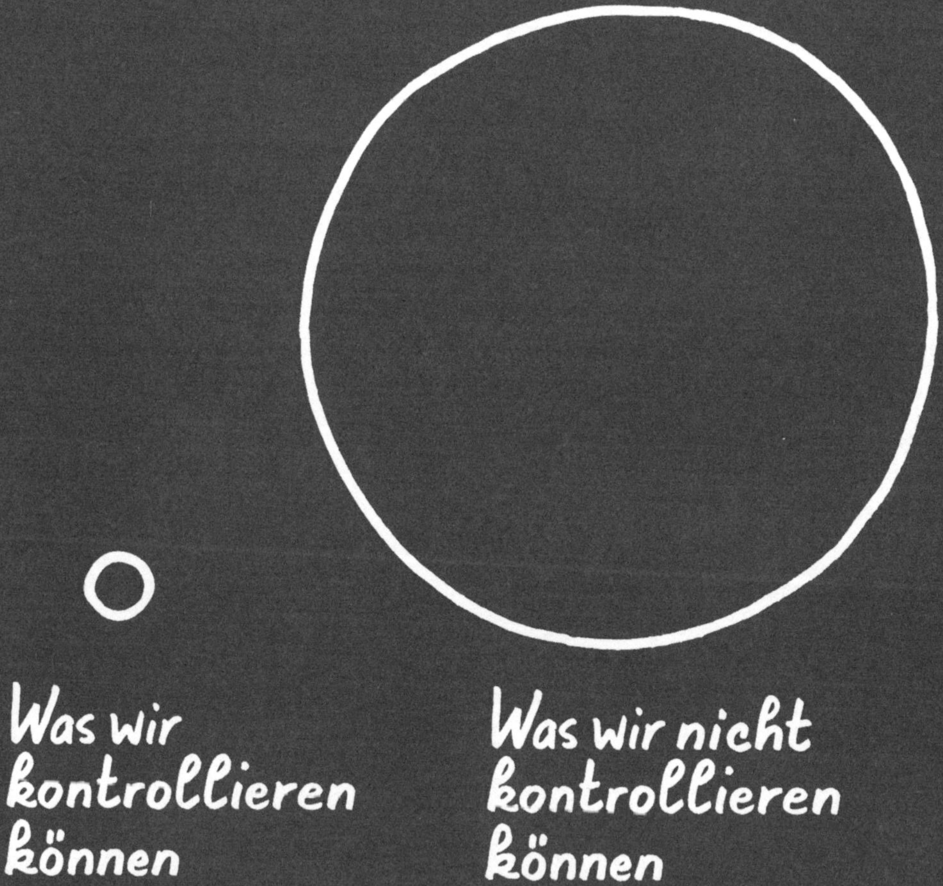
Was wir kontrollieren können
Was wir nicht kontrollieren können

Rendite ist keine Leistung, sondern ein Ergebnis

Viele starren auf die Rendite – als ließe sie sich herbeirechnen oder herbeiwünschen. Doch Rendite entsteht am Markt, nicht auf dem Papier. Sie ist das Ergebnis von vielen Kräften, die wir nicht im Mindesten kontrollieren können: Wirtschaft, Zinsen, Politik, Stimmung.

Was wir beeinflussen können, liegt anderswo, nämlich in unserer Entscheidungskompetenz: Unsere Risikobereitschaft, die Kosten, die Steuern, die Entnahmezeiträume und vor allem unser Verhalten sind die Faktoren, die entscheiden, ob wir die Rendite bekommen, die der Markt erwirtschaftet – oder sie uns selbst durch falsche Entscheidungen nehmen.

Investieren hat deshalb viel mit Haltung und Demut zu tun. Wer akzeptiert, dass der Markt nicht von uns beeinflussbar ist, gewinnt Gelassenheit. Wer den Stoiker in sich entdeckt, konzentriert sich auf das Kontrollierbare, entscheidet, handelt – und lässt den Rest einfach geschehen.

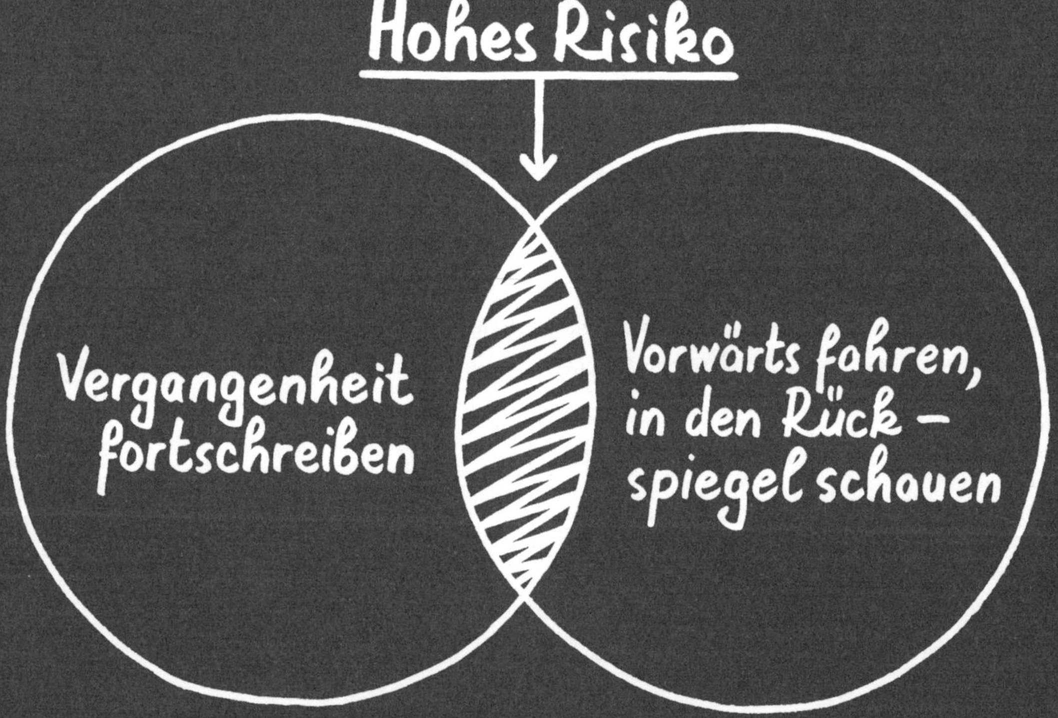
Hohes Risiko
Vergangenheit fortschreiben
Vorwärts fahren, in den Rück-spiegel schauen

Warum die Vergangenheit nichts über die Zukunft erzählt

Rückspiegel oder Windschutzscheibe? Es ist leicht, Aktien oder Fonds auszuwählen, die in der Vergangenheit gut gelaufen sind. Genau das tun viele – Fondsmanager wie Privatanleger. Diese Form der Wertpapierauswahl, das sogenannte Stockpicking, schaut in den Rückspiegel. Und im Rückspiegel sieht eben alles klar aus.

Für Verkaufsprospekte, Podcasts oder Börsenforen liefert diese Perspektive schöne Geschichten und beeindruckende Renditen. Nur gibt keinen wissenschaftlichen Beweis dafür, dass diese Methode funktioniert.

Finanzmärkte folgen anderen Gesetzen. Alle verfügbaren Informationen über Unternehmen und Märkte stecken bereits in den heutigen Preisen. Börsen sind im Grunde perfekte Informationsverarbeitungsmaschinen – die Schwarmintelligenz aller Marktteilnehmer fließt in die Kurse ein. Nur neue, noch unbekannte Informationen bewegen die Preise – nach oben oder unten. Der Blick zurück zeigt also bestenfalls Geschichte. Er erzählt, was war, sagt aber nichts darüber, was kommt. Vergangene Renditen helfen nicht bei zukünftigen Entscheidungen.

Um durch Stockpicking bessere Chancen zu haben, müssten Sie regelmäßig Anomalien erkennen können – also Fehlbewertungen, die allen anderen entgehen. Und gleichzeitig im richtigen Moment reagieren, bevor der Markt sie entdeckt. Das ist in einem hoch transparenten System, das rund um die Uhr Informationen verarbeitet, nahezu unmöglich. Oder anders gesagt: Beim Investieren durch den Rückspiegel zu steuern, mag interessant aussehen – hilft Ihnen aber nicht, die vorausliegende Kurve zu erkennen.

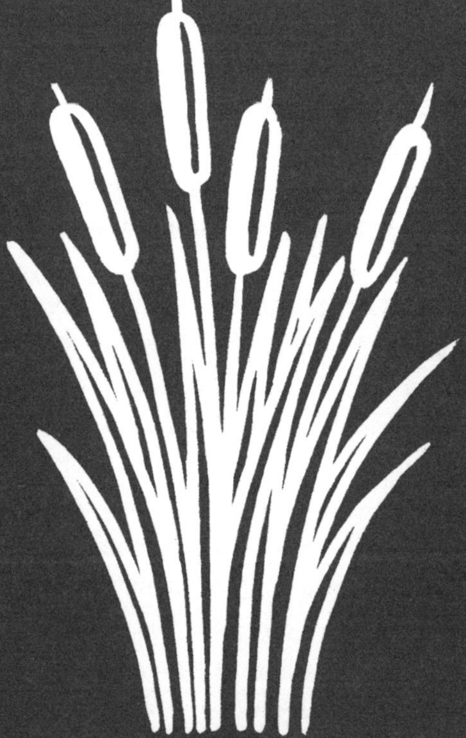

Stark wie ein Schilffeld: Warum Resilienz mehr mit Anpassung als mit Kraft zu tun hat

Resilienz wird oft mit Stärke oder Größe verwechselt. In Wahrheit geht es aber um Anpassungsfähigkeit – um die Fähigkeit, Rückschläge zu überstehen und sich von Krisen zu erholen.

Schilf verkörpert das perfekt. Es wächst weltweit, in Süß- wie in Salzwasser, übersteht Feuer, Hochwasser und Stürme. Ein einzelner Halm wirkt zerbrechlich, doch im Feld halten sich junge und alte Halme gegenseitig. Sie biegen sich, statt zu brechen – und stehen nach jedem Sturm wieder aufrecht. Und wenn in einem großen Schilffeld doch einmal ein Halm umknickt, wächst ein neuer nach. Das Feld verschwindet nicht.

Genauso funktioniert ein global gestreutes Portfolio. Einzelne Unternehmen, Branchen oder Länder können scheitern, doch die Breite trägt. Märkte schwanken, erholen sich, wachsen weiter. Wie ein Schilffeld, das sich auch nach einem Sturm wieder aufrichtet und permanent erneuert und nachwächst.

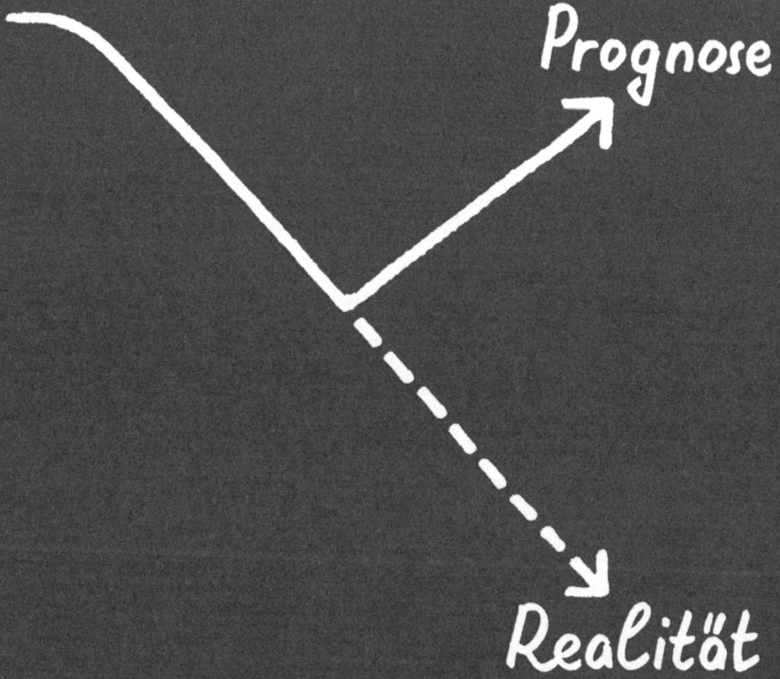
Prognose
Realität

Schlechte Dinge passieren, gute Dinge auch – warum die Entwicklung der Welt nicht linear verläuft

Wir Menschen denken gern linear. Was gestern passiert ist, schreiben wir einfach in die Zukunft fort. Doch die Welt ist nicht linear. Märkte bewegen sich nicht endlos in eine Richtung, Pandemien dauern nicht ewig, Kriege enden irgendwann.

Unsere Gegenwart ist komplex – und wir Menschen verursachen zwar viele Probleme, sind aber gleichzeitig auch gute Problemlöser. Sonst gäbe es uns längst nicht mehr. Jede Krise bringt auch wieder Lösungen und Innovationen hervor, die den Weg für neue Entwicklungen und neues Wachstum – auch unserer eigenes, menschlich wie gesellschaftlich – ebnen und antreiben.

Die Kapitalmarktforschung weist immer wieder darauf hin: Weil wir die Informationen von morgen nicht kennen können, sind Prognosen, Emotionen und Wetten der falsche Weg. Rationales Investieren heißt, Schwankungen auszuhalten, breit zu streuen, an die Lösungskompetenz der Menschheit zu glauben – und langfristig konsequent investiert zu bleiben.

Flaschenhälse können lang sein: Warum Geduld die wichtigste Tugend an den Märkten ist

> Meine Lieblingshaltedauer: für immer!

Krisen fühlen sich immer gleich an: laut, unübersichtlich, bedrohlich. Wenn Märkte fallen, wirken sie wie ein Sturm, der alles mitreißt. Der Blick verengt sich, Angst übernimmt die Regie, und viele Anleger ziehen sich zurück.

Doch Kapitalmärkte sind nicht planbar. Unternehmenszahlen, Politik, Kriege, Pandemien – zu viele Kräfte wirken gleichzeitig. Niemand – kein Experte, keine Maschine – kann dauerhaft verlässlich vorhersagen, wohin sich Kurse bewegen. Was aber fest steht: Nach jeder Krise kommt die Erholung. Nicht immer sofort wie nach der Coronapandemie, nie berechenbar, manchmal schnell, manchmal langsam. Wer in dieser Erholungsphase nicht investiert war, verpasste oft den entscheidenden Teil, den Turnaround der Märkte.

Der Engpass einer Krise fühlt sich an wie ein Flaschenhals. Man sieht nur den schmalen Durchgang und vergisst, dass auch der längste Flaschenhals ein Ende hat.

Wer den Mut hat, hindurchzugehen, erfährt genau das. Krisen können lange Flaschenhälse haben – aber jeder Flaschenhals hat ein Ende, und dann kommt der süße Inhalt.

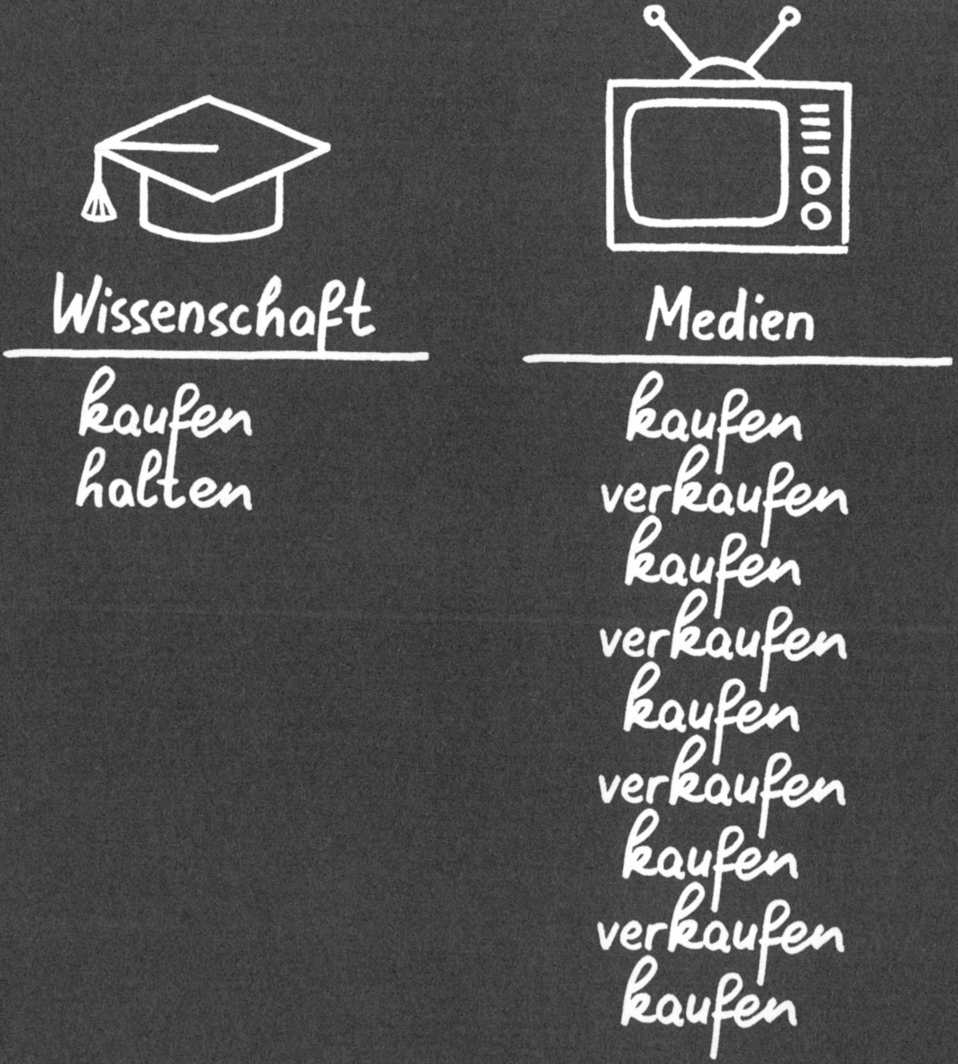
Wissenschaft
kaufen
halten
Medien
kaufen
verkaufen
kaufen
verkaufen
kaufen
verkaufen
kaufen
verkaufen
kaufen

Rational entscheiden in Zeiten der Reizüberflutung: Warum Ruhe die bessere Strategie ist

In unserer Informationsgesellschaft prasseln ständig Nachrichten auf uns ein. Medien und Influencer lenken den Blick fast immer auf das Kurzfristige – auf Kursschwankungen, Stimmungen, Prognosen. Die Folge sind emotionale Entscheidungen, ständiges Handeln, unnötige Kosten – und oft das Verpassen positiver Marktphasen, die auf lange Sicht viel häufiger sind als negative.

Wer dagegen auf eine evidenzbasierte Strategie setzt, bleibt gelassener, vertraut darauf, dass Marktpreise alle verfügbaren Informationen längst enthalten, und richtet den Blick auf das Wesentliche: die langfristige Entwicklung. Stress, Kosten und das ständige Jonglieren mit Schlagzeilen entfallen einfach.

Die Forschung beweist: Erfolg hängt nicht vom perfekten Timing ab, sondern von Beständigkeit. Ein breit gestreutes, wissenschaftlich aufgebautes Portfolio ist langfristig der klügere Weg. Nicht das Timing bringt den Erfolg, sondern das Dabeibleiben. Wie so oft auch in unserem Leben, oder?

kompliziert
komplex

Komplex, aber nicht kompliziert

Die Weltfinanzmärkte sind ein unfassbar komplexes System. Unzählige Informationen aus Unternehmen, Politik, Gesellschaft und vielem mehr werden in Echtzeit verarbeitet und in Preise übersetzt. Und dann gibt es noch die »Schwarzen Schwäne«: seltene, überraschende Ereignisse wie Krisen oder Kriege, die niemand voraussehen kann und die Märkte kurzfristig durchrütteln.

Genau diese Vielfalt macht Finanzmärkte unvorhersehbar. Aber komplex heißt nicht kompliziert. Wer die Regeln kennt und der Forschung vertraut, kann die Komplexität übersetzen – und sein Depot so aufstellen, dass es davon profitiert.

Die Wissenschaft zeigt seit Jahren ziemlich eindeutig: Einzelne Aktien herauszupicken (»Stockpicking«) oder den perfekten Ein- und Ausstiegszeitpunkt zu treffen (»Market Timing«) funktioniert langfristig nicht. Belegt ist dagegen, dass bestimmte Unternehmensmerkmale – etwa Größe, Bewertung oder Profitabilität – überdurchschnittliche Renditen bringen können. Entscheidend ist nicht das Vorhersehen, sondern das konsequente Umsetzen.

Auch die Verhaltensökonomie liefert einen klaren Befund: Erfolg an den Märkten hängt weniger von Intelligenz ab als von Disziplin. Wer Regeln befolgt, der eigenen Strategie treu bleibt und sich im Sturm der Emotionen nicht rauswerfen lässt, macht aus Komplexität ein stabiles System.

Am Ende bleibt: Märkte sind komplex. Aber es kann sehr einfach sein, sie erfolgreich zu nutzen.

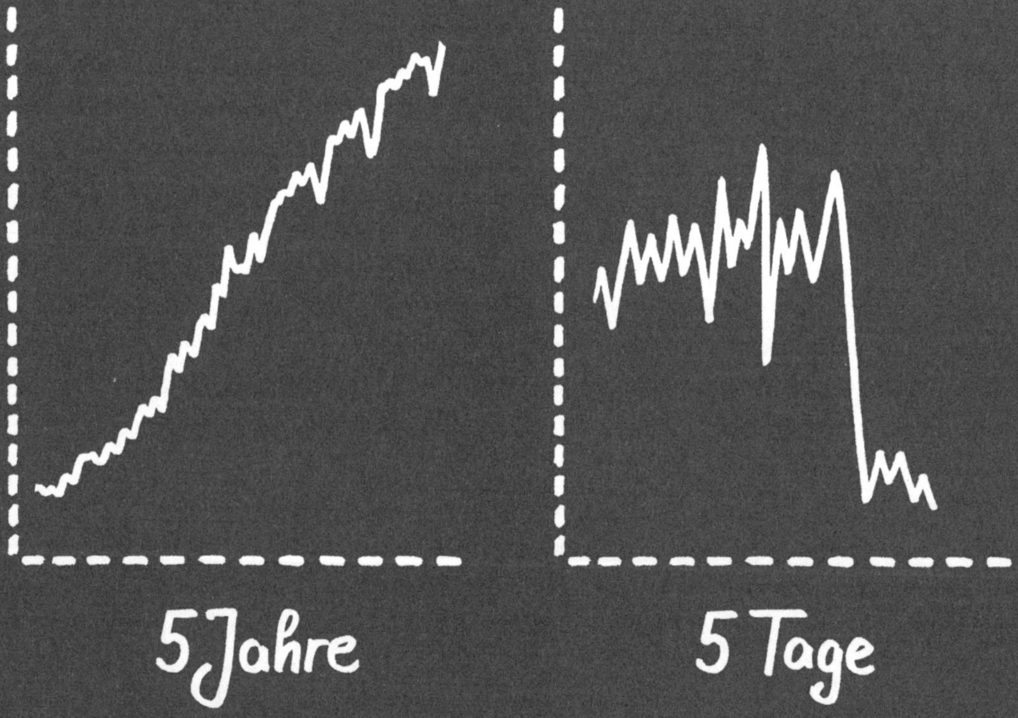
5 Jahre
5 Tage

Zwischen Euphorie und Depression: Wer ruhig bleibt, gewinnt

Der Aktienmarkt schwankt laufend zwischen Euphorie und Depression. Mal scheint alles grenzenlos möglich, mal wirkt jede Krise wie der Untergang. Wer diesen Stimmungen folgt, verliert den Blick fürs Wesentliche.

Tagesaktualität ist dabei nicht nur wertlos, sie ist gefährlich. Schlagzeilen, Prognosen und Marktkommentare verstärken die Launen nur noch. Anleger, die täglich auf jede Bewegung reagieren, gewinnen nichts – sie verlieren Ruhe, Konzentration und am Ende auch Rendite.

Die Fakten erzählen eine andere Geschichte: Kurzfristig sind Märkte unberechenbar. Langfristig aber haben breit gestreute Portfolios immer wieder stabile, reale Wertzuwächse erzielt. Darauf baut evidenzbasiertes Investieren: Disziplin statt Nervosität, Weitsicht statt Schlagzeilen.

Wer die Launen der Märkte aushält, profitiert von der Stabilität, die nur die Zeit bringt.

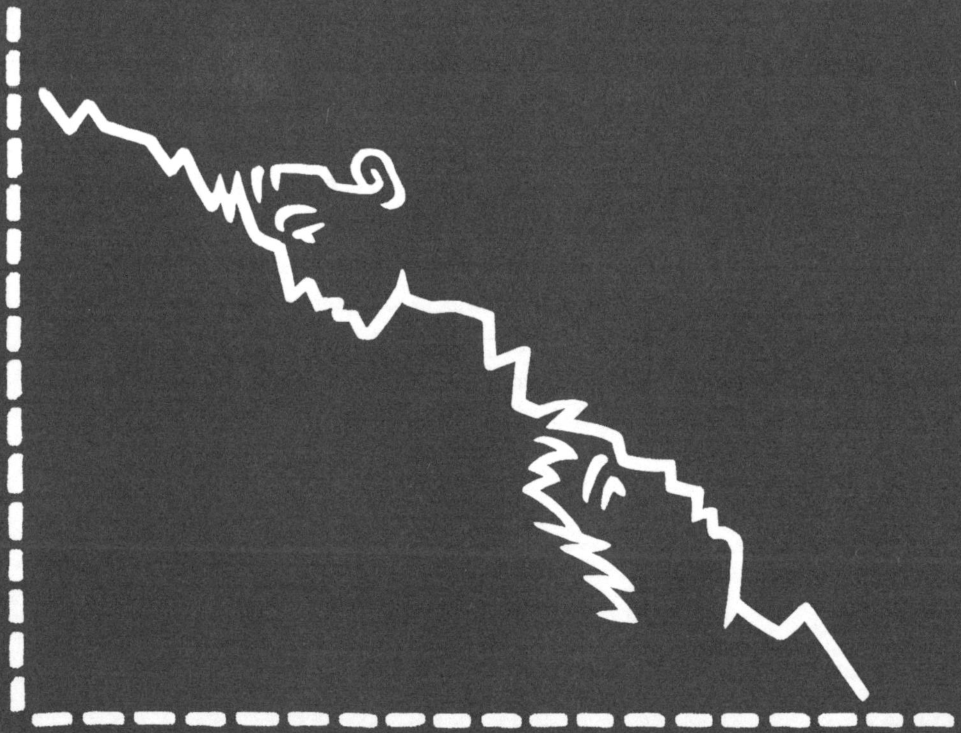

Jede Krise hat ein anderes Gesicht

Was als Nächstes passiert, weiß niemand. Kein Analyst, kein Politiker, kein Ökonom. Jede Krise sieht anders aus. Die Gesichter wechseln, die Ursachen auch – aber das Gefühl bleibt dasselbe: Unsicherheit. Mal ist es ein Virus, mal ein Krieg, mal eine Schuldenwelle oder eine Energiekrise. Was morgen kommt, wissen wir nicht. Und das ist die einzige Konstante, die wir haben: Unvorhersehbarkeit.

Gerade deshalb brauchen langfristige Finanzentscheidungen ein Fundament, das nicht von Vorhersagen lebt. Sondern von Struktur, Disziplin und Forschung. Die wissenschaftliche Kapitalmarktforschung gibt genau diese Orientierung:

- Weltweit investieren: Heuhaufen statt Stecknadel.
- Die Intelligenz der Märkte nutzen: Demut statt Übermut.
- Dranbleiben – auch wenn's wehtut: Zeitraum statt Zeitpunkt.
- Bewährte Renditequellen systematisch nutzen: Wissenschaft statt Medienlärm.

Denn – auch wenn jede Krise anders aussieht – der Mechanismus bleibt gleich: Die Weltwirtschaft findet Lösungen. Menschen handeln, entwickeln, erneuern. Marktwirtschaft und Demokratie sind sicher keine perfekten Systeme, aber sie sind lernfähig und erneuern sich immer wieder. Und haben dadurch etwas, das stärker ist als jede Krise: die Fähigkeit, sich immer wieder zu erholen.

TEIL 4

WIE WIR MORGEN LEBEN – UND WOVON

Altersvorsorge und Demografie

Wir leben länger, wir arbeiten länger – und unser Geld muss mithalten. Vorsorge ist keine Rechenaufgabe, sondern eine Lebensentscheidung. Sie braucht Struktur, Geduld und ein Bewusstsein dafür, dass Schwankungen kein Feind, sondern Teil des Prozesses sind.

Dieses Kapitel zeigt Ihnen, was nachhaltige Vorsorge wirklich bedeutet: Kaufkraft sichern, Substanz bewahren und Kapital so strukturieren, dass es mit Ihrem Leben Schritt hält.

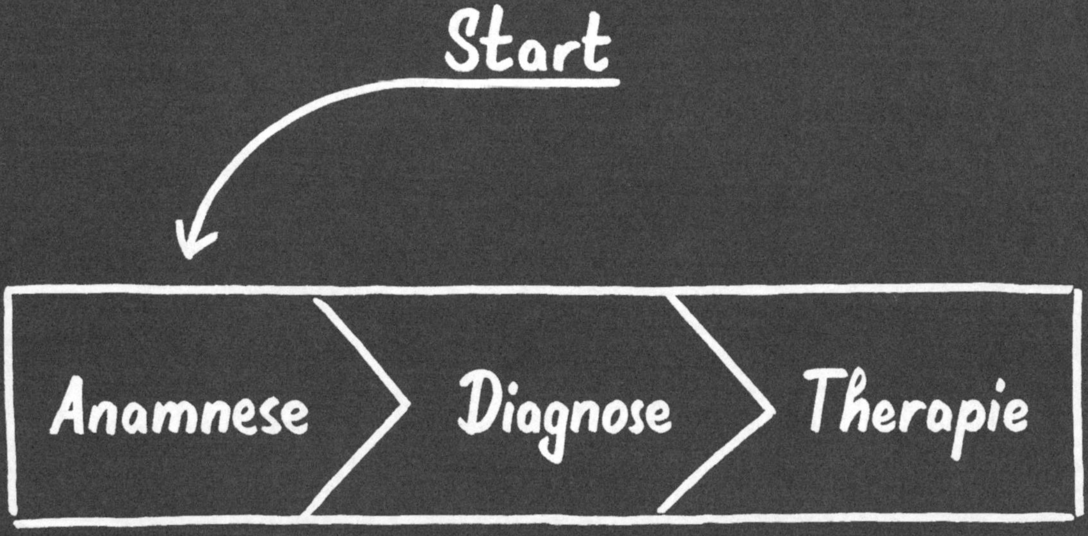
Start
Anamnese
Diagnose
Therapie

Investieren beginnt damit, sich selbst zu verstehen

Investieren ist der letzte Schritt – nicht der erste. Wer gesund werden möchte, beginnt nicht mit der Behandlung, sondern mit der Untersuchung. Auch beim Investieren ist die richtige Reihenfolge entscheidend. Viele beginnen mit der Produktauswahl, vergleichen Renditen, eröffnen Depots. Doch ohne klare Analyse und definierte Ziele entstehen leicht Fehlentscheidungen.

Am Anfang steht die Bestandsaufnahme – eine ehrliche Bilanz der eigenen Finanzen. Ohne rosarote Brille, auch wenn es manchmal wehtut. Darauf folgt die Analyse: Welche Ziele stehen im Vordergrund? Welches Risiko ist tragbar? Wie wirken Lebensumstände mit hinein? Und ganz zentral: Wo will ich hin – und warum? Erst dann kommt der letzte Schritt: das Investieren. Finanzplanung braucht Zeit, Nachdenken und Struktur. Nicht jede Entscheidung fällt sofort.

Wer den Prozess Schritt für Schritt geht, trifft fundiertere Entscheidungen und behält den Überblick. Was dann noch bleibt, ist Disziplin über den gesamten Anlagezeitraum. Wer diese nicht mitbringt, sollte einen Profi ranlassen.

Plan
wirkliches Leben

Warum ein Plan trotz Unplanbarkeit sinnvoll ist

Das Leben kennt – genauso wie die Wirtschaft – keine Gerade. Sicher ist nur: Wir werden geboren, und irgendwann gehen wir wieder. Dazwischen ist alles offen.

Warum also brauchen Sie einen Finanzplan? Weil er Ihnen hilft, auf das Unerwartete vorbereitet zu sein – und finanzielle Ziele auch dann zu erreichen, wenn das Leben anders verläuft als gedacht.

Wer kein Ziel hat, tut sich schwer, anzukommen. Ein Finanzplan schafft Orientierung. Er zeigt Ihnen, wo Sie stehen, welche Mittel Sie zur Verfügung und welche Spielräume Sie haben. Er macht sichtbar, wie viel Sie verdienen, ausgeben und sparen – und was das für Ihre Zukunft bedeutet, etwa für den Ruhestand.

Regelmäßige Überprüfung gehört dazu. Denn Lebensumstände ändern sich, durch Ihre eigenen Entscheidungen genauso wie durch äußere Ereignisse. Ein Plan, der regelmäßig überprüft und angepasst wird, bleibt flexibel – und hilft Ihnen, die eigenen Ziele auch dann im Blick zu behalten, wenn sich das Umfeld verändert.

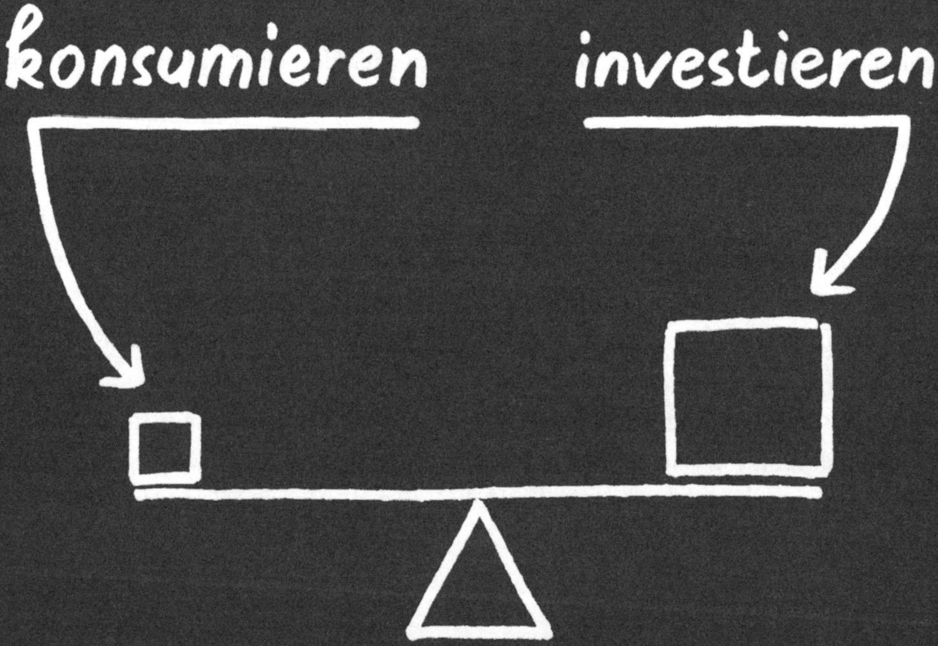
konsumieren
investieren

Das große Fragezeichen: das eigene Ich in 20 Jahren

Viele Menschen haben Schwierigkeiten, sich über lange Zeiträume hinweg zu orientieren – vor allem, wenn es um das eigene, ältere Ich geht. Die Verbindung zur Zukunftsversion der eigenen Person fehlt oft. Dadurch wird schwer greifbar, welche Folgen Inflation, Krankheit oder Pflege einmal für Einkommen und Ausgaben haben können.

Finanzplaner kennen diese Effekte gut. Kleine prozentuale Veränderungen können über Jahre enorme Wirkung entfalten. Mit heutiger Datenlage und moderner Software lässt sich recht genau berechnen, welches Vermögen nötig sein wird, um den Lebensstandard zu halten – oder wie stark der Zinseszinseffekt langfristig wirkt, wenn Kapital effizient investiert ist. Natürlich sind solche Berechnungen keine Punktlandung. Zu viele Faktoren verändern sich im Lauf der Zeit – Renditen, Inflation, Lebensumstände.

Aber sie liefern eine verlässliche Orientierung: einen Rahmen, innerhalb dessen sich Zukunft planen lässt. Regelmäßige Check-ups zeigen dann, ob die Balance noch stimmt – ob Einkommen, Ausgaben und Vermögen so verteilt sind, dass der gewünschte Lebensstandard auch im Ruhestand gesichert bleibt.

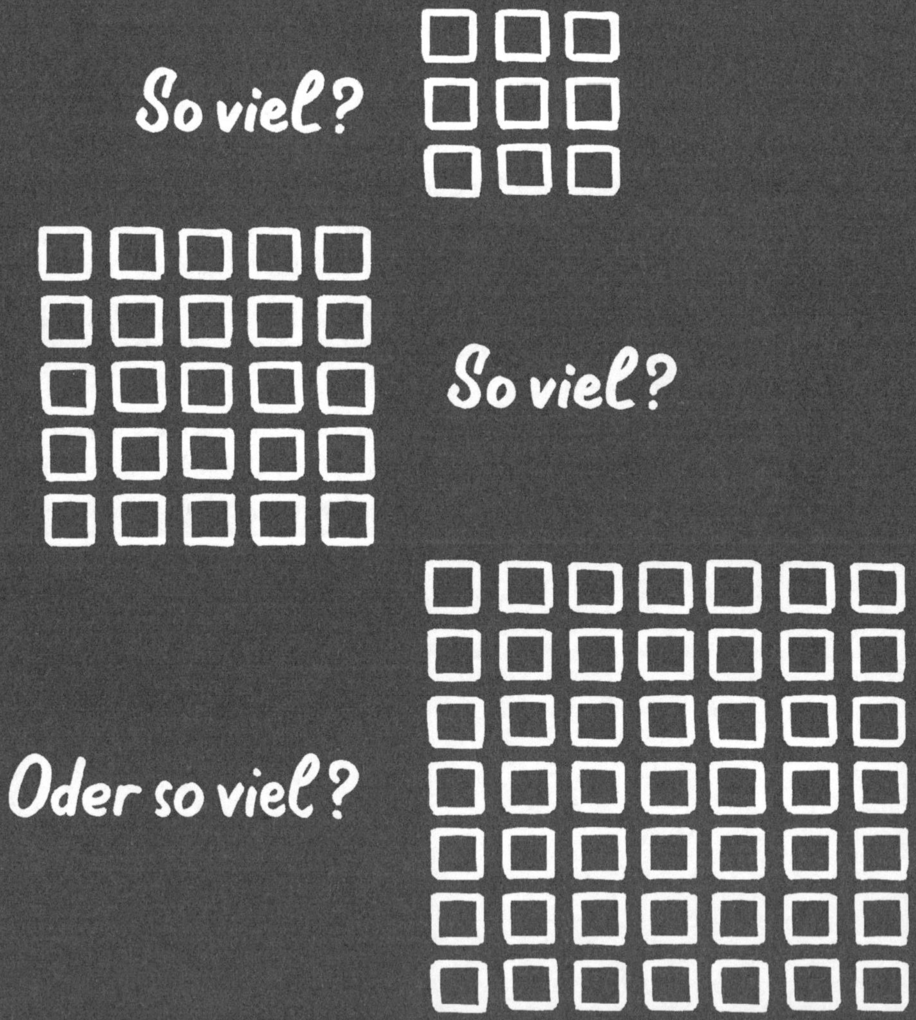
So viel?
So viel?
Oder so viel?

Das richtige Maß zwischen Geld und Glück

Viele Menschen glauben, dass mehr Geld automatisch mehr Glück bedeutet. Aber wie viel ist genug? Studien zeigen: Ab einem gewissen Punkt steigt die Zufriedenheit nicht weiter – auch wenn Einkommen und Vermögen wachsen. Im Gegenteil: Ein Übermaß an Vermögen kann sogar zu Stress, Druck oder Isolation führen.

Tief verankerte Instinkte wie Gier oder der Wunsch nach Kontrolle lassen uns leicht übersehen, was wir wirklich brauchen. Das ökonomische Prinzip des abnehmenden Grenznutzens beschreibt genau das: Der Nutzen, den wir aus zusätzlichem Geld oder Konsum ziehen, nimmt mit der Zeit ab.

Ein persönlicher und realistischer, also inflationsbereinigter, Finanzplan hilft, diesen Punkt zu erkennen – und zu verstehen, wie viel tatsächlich genug ist.

Sie können sich also sparen, nach immer mehr zu streben, suchen Sie lieber das richtige Maß: ein Gleichgewicht, das langfristige finanzielle Stabilität mit Ihrer persönlichen Zufriedenheit verbindet.

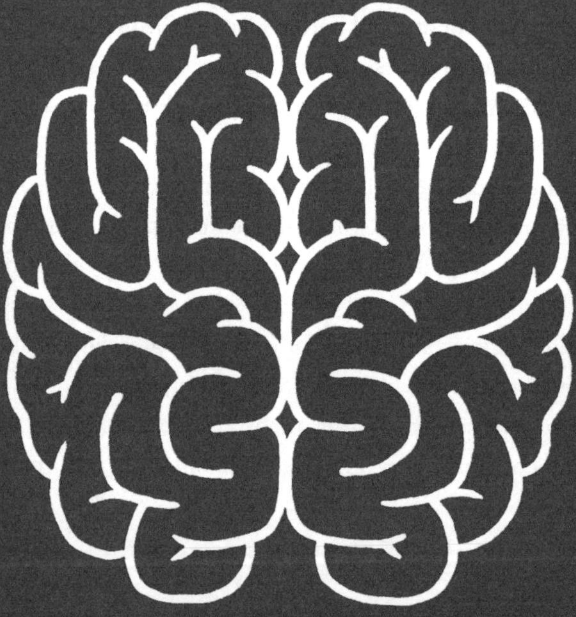

Humankapital

Humankapital – der unterschätzte Vermögenswert

Die Bedeutung von Vermögenswerten hat sich über die Zeit verändert. Früher standen Immobilien oder Besitz im Mittelpunkt. Heute rückt zunehmend etwas anderes in den Fokus: das eigene Humankapital – also Wissen, Fähigkeiten und Erfahrung.

Für die meisten Menschen, besonders am Anfang und in der Mitte ihres Berufslebens, ist die eigene Arbeitskraft der wichtigste wirtschaftliche Faktor. Sie ermöglicht Einkommen, Karrierechancen und finanzielle Unabhängigkeit. Wer sie verliert, verliert oft die Grundlage seiner Existenz.

Umso wichtiger ist es, dieses Kapital zu schützen. Krankheit oder Unfall kann dazu führen, dass jemand seinen Beruf nicht mehr ausüben kann. Das Einkommen bricht weg, während die Ausgaben weiterlaufen.

Eine Berufsunfähigkeitsversicherung sichert diesen zentralen Vermögenswert ab. Sie zahlt im Ernstfall eine monatliche Rente und ermöglicht, laufende Verpflichtungen und den Lebensunterhalt zu decken – auch wenn die eigene Arbeitskraft eingeschränkt ist. Besonders für Menschen unter 50 ist dieser Schutz entscheidend, weil sie noch viele Berufsjahre vor sich haben und das Risiko über einen langen Zeitraum besteht.

Die eigene Arbeitskraft ist das Fundament der finanziellen Stabilität. Wer sie absichert, schützt nicht nur sein Einkommen, sondern auch seine Zukunft.

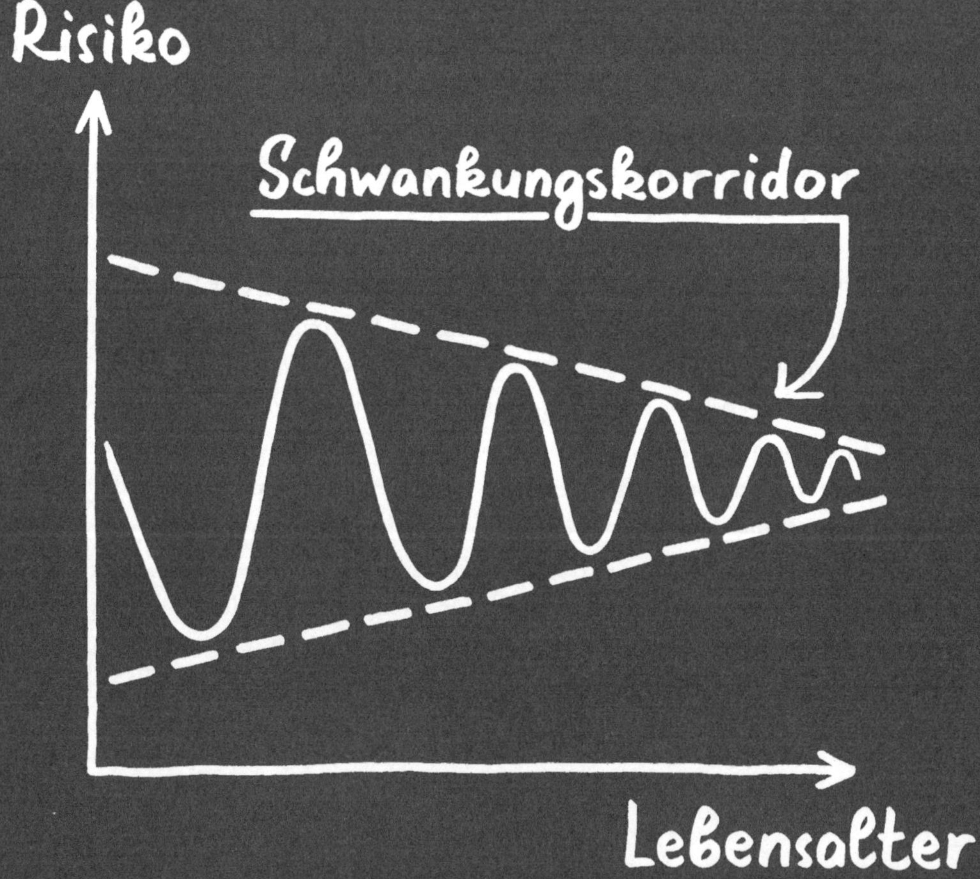
Risiko
Schwankungskorridor
Lebensalter

Schwankungen bleiben, unsere Risikotragfähigkeit nimmt aber ab

Ein reines Aktienportfolio bringt auf lange Sicht die höchsten Renditen – aber auch die größten Ausschläge. In manchen Jahren fallen die Kurse um 40 Prozent, in anderen steigen sie um mehr als 60. Über die Zeit gleicht sich das aus. Trotzdem: Nicht jeder hält das durch. Weder emotional noch finanziell. Und irgendwann fehlt vielleicht einfach die Zeit, einen Crash auszusitzen.

Schwankungen gehören zur Börse wie Turbulenzen zum Flug. Einen »Normalzustand« gibt es nicht. Entweder erscheinen Aktien zu teuer, oder wir stecken in einer Krise. Zwischen diesen Polen pendelt der Markt – immer. Wer langfristig investiert, muss lernen, das auszuhalten.

Ein breit gestreutes Portfolio wirkt dabei wie ein Stehaufmännchen: Es fällt, aber es richtet sich wieder auf. Wer zusätzlich Anleihen beimischt – kurz laufend, solide Bonität –, bekommt mehr Ruhe ins Depot. Die Renditeerwartung sinkt etwas, aber die Planbarkeit steigt.

So entsteht Balance: Aktien sorgen für Wachstum, Anleihen für Stabilität. Das Verhältnis beider wirkt wie ein Stoßdämpfer – es federt Schwankungen ab und hält die Geldanlage im Rahmen dessen, was zum Leben und zur eigenen Risikotoleranz passt.

Denn Risikotragfähigkeit ist kein fester Wert. Sie verändert sich mit dem Leben. Jüngere Anleger können mehr aushalten – sie haben Zeit, Erholungsphasen abzuwarten. Mit zunehmendem Alter verschiebt sich der Fokus: weniger Höhe, mehr Stabilität.

Wer rechtzeitig die Reiseflughöhe verlässt und sanft sinkt, landet sicher – auch nach einem langen Flug.

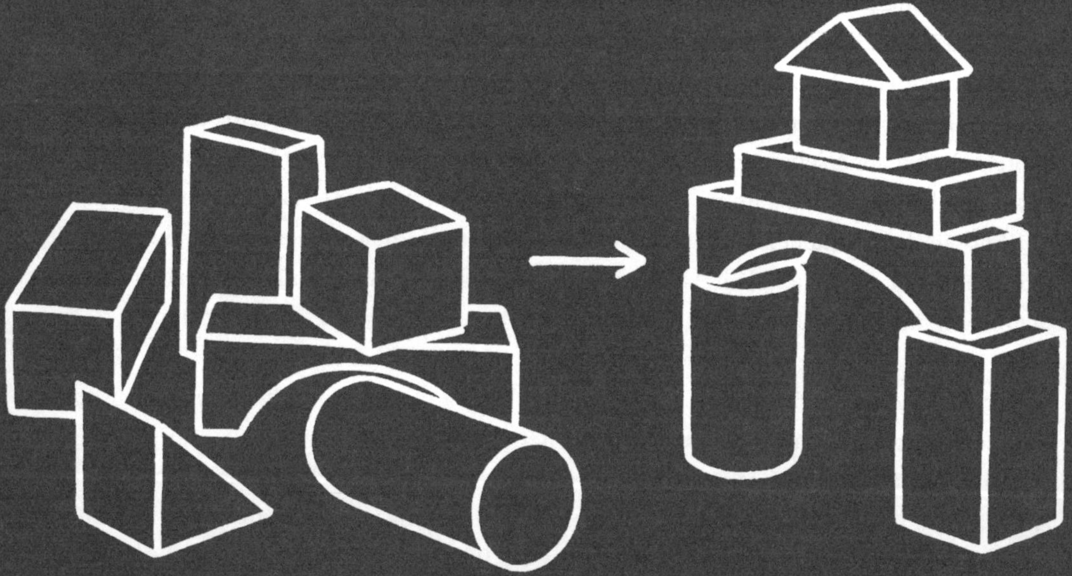

Das Depot als Orchester, nicht als Sammlung: Warum jedes Produkt eine Aufgabe braucht

Wenn ein Finanzplaner Mandanten trifft, die nicht mehr Anfang zwanzig sind, zeigt sich häufig das gleiche Bild: eine Sammlung unterschiedlichster Produkte – Versicherungen, Fonds, Depots –, die über Jahre entstanden ist, nicht aufeinander abgestimmt und oft ohne klare Aufgabe.

Das Ergebnis ist meist eine teure, unausgewogene und wenig effiziente Anlagestruktur, die kaum geeignet ist, die gesetzten Ziele zu erreichen. Manchmal ist es noch trügerischer: Mandanten glauben, sie seien gut aufgestellt – und kümmern sich deshalb nicht mehr um ihre Anlagen.

Jedes Produkt sollte jedoch eine klare Funktion haben und in das Gesamtkonzept passen. Ein Produkt ohne Aufgabe darf gestrichen werden. Was bleibt, wird überprüft, geordnet und sichtbar in das Gesamtbild eingebunden – so, dass jedes Element einen erkennbaren Beitrag leistet.

Erst nach dieser Bestandsaufnahme beginnt die eigentliche Finanzplanung: Welche Ziele sollen erreicht werden? Welche Schwankungen sind tragbar? Und lassen sich die Ziele mit den vorhandenen Produkten realisieren? Wenn nicht, welche Bausteine können die Lücken schließen?

Am Ende steht ein abgestimmtes Anlageportfolio – klar strukturiert, nachvollziehbar und darauf ausgelegt, die finanziellen Ziele langfristig zu erreichen.

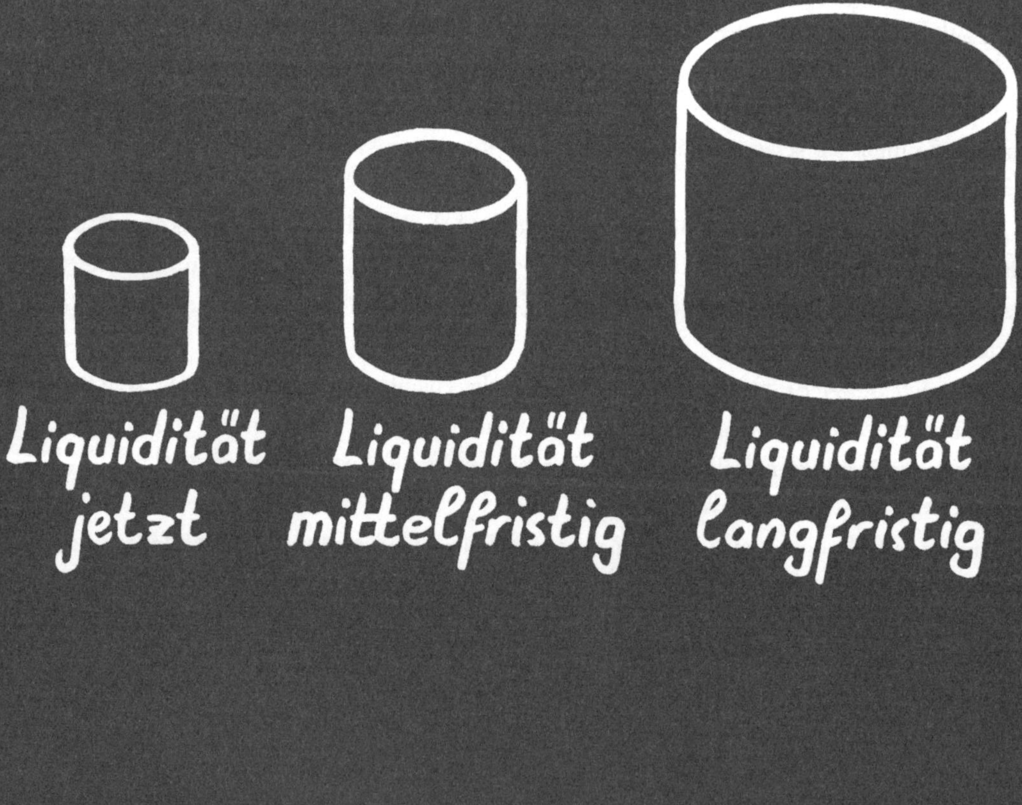
Liquidität
jetzt
Liquidität
mittelfristig
Liquidität
langfristig

In Töpfen denken

Als praktische emotionale Brücke bei der Finanzplanung hat es sich bewährt, in Töpfen zu denken. Viele Menschen haben Schwierigkeiten, ihre Ziele klar zu strukturieren und gleichzeitig den Überblick über ihre Investitionen zu behalten. Das Aufteilen des Vermögens in verschiedene »Töpfe« – je nach Zeithorizont und Ziel – schafft Ordnung und Orientierung.

Für kurzfristige Ziele, also die nächsten ein bis drei Jahre, eignet sich ein Topf mit konservativen, wenig schwankenden Anlagen. Hier steht die Verfügbarkeit im Vordergrund, Rendite spielt eine untergeordnete Rolle. Mittelfristige Ziele – etwa in drei bis zehn Jahren – erfordern eine ausgewogene Mischung aus Sicherheit und Wachstum. Bei langfristigen Zielen, die mehr als zehn Jahre in der Zukunft liegen, überwiegen wachstumsorientierte Anlagen. Historisch haben Aktien über lange Zeiträume höhere Renditen erzielt und eignen sich deshalb besonders für letztgenannten Topf.

Der besondere Vorteil dieses Ansatzes liegt nicht nur in seiner Einfachheit, sondern auch im psychologischen Nutzen. Wer seine Anlagen klaren Zielen zuordnet, behält das Gefühl der Kontrolle. In turbulenten Marktphasen hilft das, Ruhe zu bewahren: Man weiß, dass der langfristige Topf Schwankungen aushalten darf, während die kurz- und mittelfristigen Töpfe stabil bleiben.

Das Denken in Töpfen ist damit mehr als eine Struktur – es ist ein Werkzeug, das Investieren verständlich, planbar und emotional steuerbar macht.

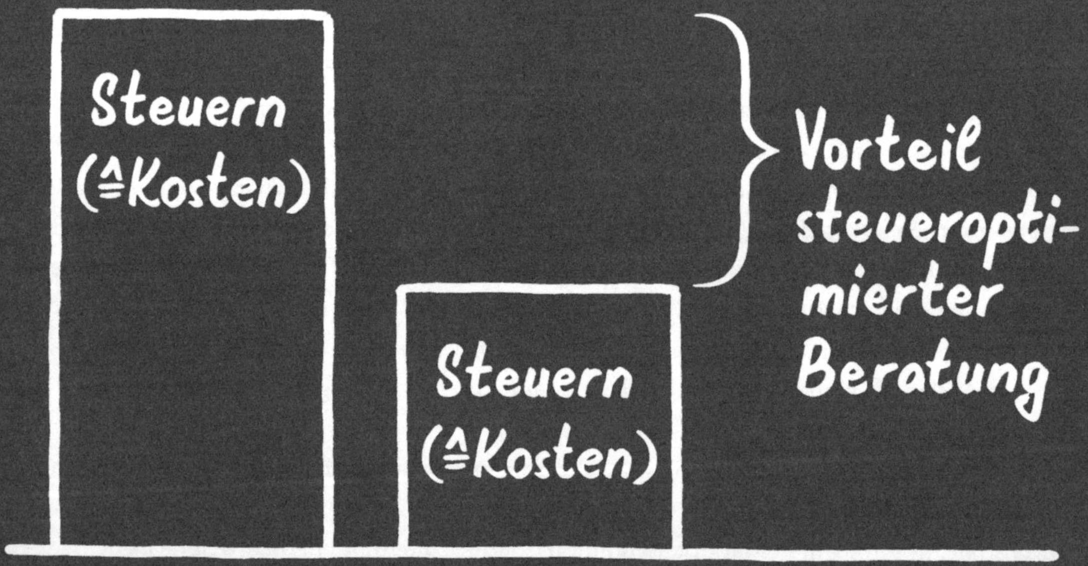
Steuern
(≙Kosten)
Steuern
(≙Kosten)
Vorteil
steueropti-
mierter
Beratung

Reibung kostet Rendite

Jeder Handel kostet. Gebühren, Spreads, Steuern – kleine Abzüge, die sich summieren. Wie bei einem Stück Seife: Je öfter man es in die Hand nimmt, desto kleiner wird es.

Viele unterschätzen diesen Effekt. Sie kaufen, verkaufen, justieren – und wundern sich, dass am Ende weniger übrig bleibt als gedacht. Es sind nicht die großen Fehler, die Rendite kosten, sondern die ständigen Reibungsverluste im Kleinen.

Weniger Bewegung heißt weniger Reibung. Wer investiert, statt zu handeln, behält mehr. »Buy-and-Hold« ist keine überkommene Redensart, sondern ein Prinzip: Ruhe bewahren, Kapital arbeiten lassen und Reibung vermeiden, wo sie vermeidbar ist.

Weniger Produkte, mehr Prinzipien: Finanzprodukte dürfen auch langweilig sein

Finanzberatung in Deutschland basiert in den meisten Fällen auf dem Verkauf immer neuer Anlageprodukte. Obwohl ständig – oft getrieben durch Marketing – neue Anlageideen entwickelt werden, unterscheiden sich diese Produkte im Kern kaum. Am Ende fließt das Kapital in Anleihen und Aktien, also in die Realwirtschaft. Nur dort entstehen die Renditen, die Anleger tatsächlich erhalten können.

Die Unterschiede liegen meist in der Verpackung. Je höher die Produktkosten, desto geringer der Nutzen für den Anleger – und desto höher der Ertrag für die Anbieter. Dass dennoch ständig neue Produkte auf den Markt kommen, hat weniger mit Innovation zu tun als mit Vertriebslogik. Wissenschaftlich ist belegt, dass die Wahl der Anlageklassen und eine an Zielen und Risikotragfähigkeit orientierte Diversifikation wesentlich größeren Einfluss auf die Rendite haben als das Timing einzelner Titel.

Das bedeutet nicht, dass Prognosen und aktives Management grundsätzlich irrelevant sind. Es zeigt jedoch, wie schwierig es ist, die Schwarmintelligenz des Marktes dauerhaft zu übertreffen. Nachhaltig erfolgreicher ist ein strategisch aufgebautes Portfolio – mit klarer Verteilung der Anlageklassen und der Disziplin, Ersterer auch in turbulenten Phasen treu zu bleiben. Die wiederkehrenden Produktgeschichten von Banken, Versicherungen und Vertrieben klingen oft überzeugend, liefern aber keinen nachweisbaren Mehrwert – im Gegenteil: Sie führen häufig zu vermeidbaren Verlusten, weil sie nachfragegetrieben entstanden sind und Marketing der eigentliche Produkttreiber war.

Ein evidenzbasiert aufgestelltes Portfolio investiert breit in die Ertragskraft der Weltwirtschaft. Es ist robust, effizient und langfristig erprobt. Ständige Produktwechsel sind überflüssig, da Marktpreise bereits alle verfügbaren Informationen widerspiegeln. Solche Anlagen mögen unspektakulär wirken – sie funktionieren dafür umso verlässlicher.

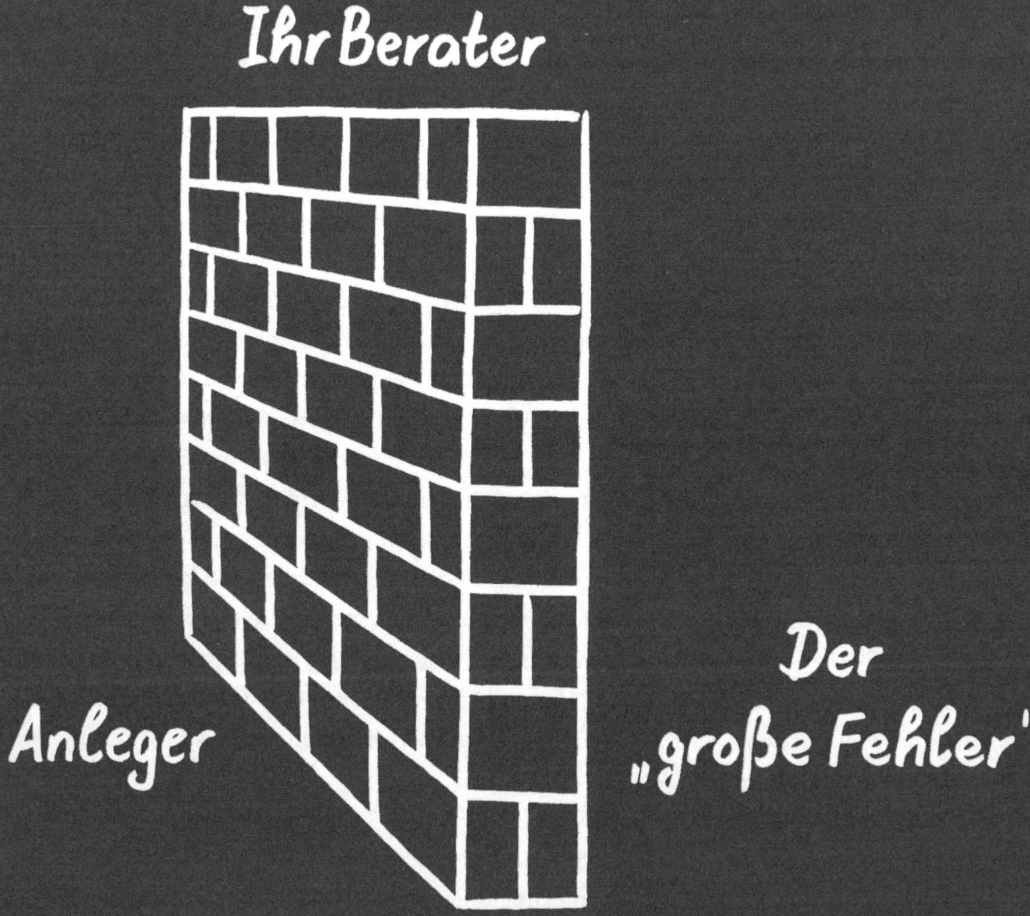
Ihr Berater
Anleger
Der „große Fehler"

Warum ein Berater vor dem »großen Fehler« schützen kann

Finanzberater, ja oder nein? Viele Anleger stehen vor einer Mauer aus Zweifeln, Unsicherheit und widersprüchlichen Informationen. Sie wissen, dass sie etwas tun sollten – aber nicht, womit oder wann.

Finanzmärkte sind komplex. Informationen überfluten uns, Meinungen widersprechen sich, Emotionen drängen zum Handeln – oder zum Stillstand. Genau hier kann ein Berater hilfreich sein. Nicht als Verkäufer, sondern als Übersetzer.

Ein guter Berater schafft Distanz zwischen Gefühl und Entscheidung. Er hilft, Fakten von Stimmungen zu trennen, Prioritäten zu ordnen und Struktur ins eigene Finanzleben zu bringen. Und er sorgt für Bewegung – wie ein Personal Trainer. Nicht nur an sonnigen Tagen im Juni, sondern auch im kalten, verregneten November, wenn man selbst lieber auf dem Sofa bliebe.

Der große Fehler vieler Anleger ist, Entscheidungen allein oder gar nicht zu treffen. Ein Berater nimmt einem die Verantwortung nicht ab, aber er macht sie tragfähig.

Denn manchmal ist der wichtigste Schritt nicht der Kauf eines Produkts, sondern das Verstehen des eigenen Plans und damit zu beginnen, diesen auch umzusetzen.

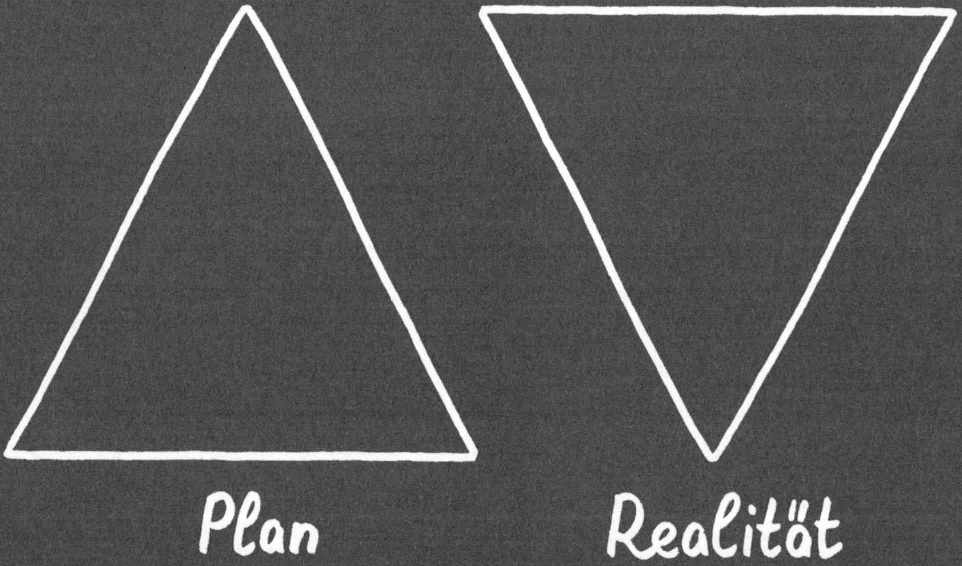
Plan
Realität

Warum umlagefinanzierte Systeme an ihre Grenzen kommen

In der gesetzlichen Rentenversicherung wird kein Kapital angespart. Die Renten der heutigen Empfänger werden direkt aus den laufenden Beiträgen der Erwerbstätigen bezahlt. Das nennt man Umlageverfahren.

Das System funktioniert nur, solange genug Einzahler da sind, um die Renten der Älteren zu tragen. Doch genau dieses Verhältnis kippt. Die Menschen werden älter, gleichzeitig kommen weniger Junge nach.

In den 1960er-Jahren finanzierten sechs Beschäftigte eine Rente. Heute sind es rechnerisch nur noch 1,8 und bis 2030 dürfte das Verhältnis auf etwa 1,5 zu 1 sinken. Eigentlich funktioniert das System schon seit Jahren nicht mehr aus eigener Kraft. Es wird über Zuschüsse aus Steuermitteln gestützt. Möglich war das lange durch die sogenannte Friedensdividende – also geringere Verteidigungsausgaben nach dem Kalten Krieg – und durch eine starke Exportwirtschaft, die vom vergleichsweise schwachen Euro profitierte. Aber diese Sonderfaktoren tragen nicht ewig.

Mit dem Ruhestand der geburtenstarken Jahrgänge verschärft sich die Lage weiter. Das ursprüngliche Versprechen, dass jeder Beitragszahler später eine auskömmliche Rente erhält, lässt sich unter diesen Bedingungen kaum halten.

Viele Länder haben deshalb begonnen, umlagefinanzierte Systeme durch kapitalgedeckte, aktienbasierte Modelle zu ergänzen. Denn wer heute einzahlt, finanziert zwar weiter die Renten der Älteren – kann aber nicht mehr darauf vertrauen, selbst davon leben zu können. Umso wichtiger wird der eigene Vermögensaufbau. Kapitalgedeckt, breit gestreut, mit Zeit. Oder einfach gesagt: Wer seine Zukunft ernst nimmt, sollte jetzt damit anfangen, selbst vorzusorgen.

Entnahme-
zeitpunkt
Entnahme-
zeitraum

Ruhestand ist kein Stichtag: Entnahmezeitpunkt oder Entnahmezeitraum?

Viele Menschen planen ihre Finanzen auf einen Stichtag hin – meist den Renteneintritt. Mit 67, so die Vorstellung, müsse alles fertig sein: Vermögen aufgebaut, Risiken reduziert, Kapital »sicher« investiert sein.

Doch das Leben folgt keinem Zeitpunkt-Kalender. Niemand braucht sein gesamtes Geld zum Beispiel an einem Geburtstag. Entscheidend ist die Liquidität im gesamten Entnahmezeitraum – also in den Jahren bis zum Ruhestand, währenddessen und auch danach.

Wer so denkt und handelt, verschiebt den Fokus von Sicherheit auf Planung.

Denn wer weiß, wann welches Kapital und welche Kapitalströme tatsächlich gebraucht werden, kann sein Vermögen viel flexibler strukturieren – und selbst mit über 60 noch nennenswert renditestärkere, schwankende Anlageklassen nutzen und seinem Portfolio beimischen. So bleibt die Chance auf weitere Wertzuwächse erhalten.

Finanzielle Freiheit entsteht nicht an einem Punkt, sondern über die Zeit – durch Struktur, Disziplin, Gelassenheit und Planung.

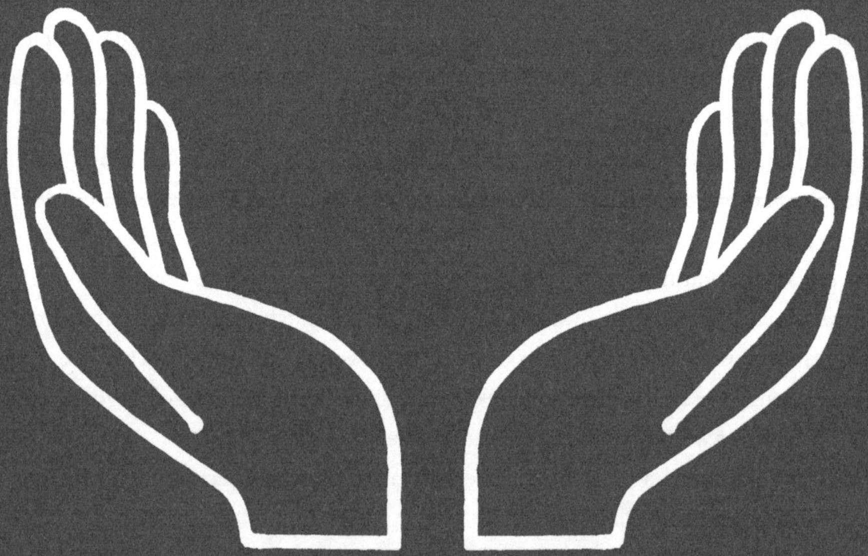

Geborgenheit in einer unsicheren Welt

Die Welt verändert sich ohne Pause. Märkte schwanken, Nachrichten überschlagen sich, Erwartungen kippen. Wer versucht, all das zu kontrollieren, verliert am Ende die Ruhe. Eine gute Anlagestrategie schafft das Gegenteil: Sie schenkt Gelassenheit.

Sie nimmt den Druck, ständig reagieren zu müssen – und gibt die Freiheit, sich auf das Wesentliche zu konzentrieren: das eigene Leben, die Familie, die Dinge, die wirklich zählen.

Das gelingt, wenn ein Portfolio nicht auf Meinungen oder Prognosen beruht, sondern auf wissenschaftlichen Erkenntnissen. Breite Streuung, klare Struktur, Konsequenz – das sind die Bausteine, die Stabilität schaffen, auch wenn es draußen rau und unübersichtlich wird.

Ein solches Portfolio ist kein Bollwerk gegen Veränderung, aber es gibt Halt – gerade in einer Welt, die sich immer schneller dreht. Es bleibt stehen, während um uns vieles in Bewegung ist.

Das ist der eigentliche Zweck von Vermögensplanung: nicht Aufregung, sondern Gelassenheit. Nicht Kontrolle, sondern Vertrauen in ein System, das trägt. Und am Ende: Raum für das Wesentliche im Leben. Dafür ist Kapital da – um uns und den Menschen, die wir lieben, ein sicheres, geborgenes Leben zu ermöglichen.

Schlusswort

Am Anfang stand eine einfache Beobachtung: Wir reden viel über Geld, aber wir verstehen es selten. Viele wissen, wie man es verdient. Wenige wissen, wie man es behält. Noch weniger, wie man es vermehrt, ohne sich dabei selbst im Weg zu stehen. Das eigentliche Problem liegt dabei selten im Rechnen. Es liegt im Denken.

Dieses Buch ist deshalb kein Lehrbuch. Und auch kein Ratgeber im klassischen Sinn. Eher ein Begleiter. Leise, verständlich, unaufgeregt. Etwas, zu dem man zurückkehren kann, wenn der Lärm größer wird als die Vernunft. Denn an den Märkten zeigt sich der Mensch, wie er ist. Ungeduldig. Überzeugt. Zweifelnd. Wir handeln, wie wir fühlen – nicht, wie wir wissen. Und genau das kostet uns Rendite. Immer wieder. Darum zieht sich durch alle Kapitel ein roter Faden: Verhalten. Wissen. Haltung.

Verhalten, weil wir unsere Emotionen kennen müssen, bevor wir sie einordnen können. Wissen, weil es hilfreicher ist, Prinzipien zu verstehen als Prognosen zu glauben. Haltung, weil Gelassenheit kein Zufall ist, sondern das Ergebnis von Klarheit.

Investieren ist nichts Mystisches. Es ist das Vertrauen darauf, dass Menschen Lösungen finden, Unternehmen wachsen und sich die Weltwirtschaft immer wieder neu erfindet – trotz aller Rückschläge. Das war schon immer so. Und vieles spricht dafür, dass es so bleibt. Oft ist nicht das Investieren selbst die größte Herausforderung, sondern das Aushalten. Schwankungen. Zweifel. Krisen. Wer das akzeptiert, bleibt ruhig. Und wer ruhig bleibt, bleibt investiert. Finanzielle Bildung ist kein Luxus. Sie ist Selbstschutz. Sie gibt Freiheit zurück – in einer Welt, die oft das Gegenteil verspricht.

Wenn Sie dieses Buch zuklappen, soll etwas Einfaches bleiben: Geld ist kein Selbstzweck. Es ist ein Werkzeug. Und wer das versteht, kann es auch so einsetzen, dass am Ende mehr bleibt als Rendite – nämlich Gelassenheit und Ruhe in einer unübersichtlichen Welt.

Über Autor und Illustrator

© Jannette Kneisel

Simon Buck ist unabhängiger Vermögensberater und Gründer von BuckAdvice, einem Finanzplanungs- und Beratungsunternehmen mit Sitz in Berlin, das er seit 2013 führt. Mit mehr als drei Jahrzehnten Erfahrung in der Finanzbranche hat er sich auf die Verbindung von evidenzbasiertem Investieren und Verhaltensmanagement spezialisiert – mit dem Ziel, seine Mandantinnen und Mandanten zu befähigen, an den Kapitalmärkten fundierte und emotionsunabhängige Entscheidungen zu treffen. Neben seiner Beratungstätigkeit ist er als Vortragsredner aktiv und teilt sein Wissen auf Social Media mit einer wachsenden Community.

© Pavlo Slobodnychenko

Anatolij Pickmann ist seit 2009 selbstständiger Illustrator. Geboren in Odessa, aufgewachsen in Trier studierte er Kommunikationsdesign und zeichnete zunächst für die Werbeagentur Scholz & Friends Berlin. Seine Werke wurden mehrfach ausgezeichnet. Anatolij Pickmann lebt in Berlin.